W0172676

ro
ro
ro

Daniela Dahn

IM KRIEG VERLIEREN AUCH DIE SIEGER

Nur der Frieden kann gewonnen werden

Rowohlt Taschenbuch Verlag

Originalausgabe

Veröffentlicht im Rowohlt Taschenbuch Verlag, Hamburg, November 2022

Copyright © 2022 by Rowohlt Verlag GmbH, Hamburg

Lektorat Frank Strickstrock

Covergestaltung zero-media.net, München

Coverabbildung und Foto Seite 13 FinePic®, München

Foto Seite 119 de-wikipedia.org/Plflcn (CC BY-SA 4.0)

Satz Farnham Text bei Dörlemann Satz, Lemförde

Druck und Bindung GGP Media GmbH, Pößneck, Germany

ISBN 978-3-499-01174-0

Die Rowohlt Verlage haben sich zu einer nachhaltigen Buchproduktion
verpflichtet. Gemeinsam mit unseren Partnern und Lieferanten
setzen wir uns für eine klimaneutrale Buchproduktion ein, die den
Erwerb von Klimazertifikaten zur Kompensation des CO_2-Ausstoßes
einschließt.

www.klimaneutralerverlag.de

MIX
Papier aus verantwor-
tungsvollen Quellen
FSC® C014496
FSC
www.fsc.org

Inhalt

Kassandra lässt grüßen – zur Einstimmung

Dieses Buch vereint Essays über Krieg und Frieden. Die jüngsten sind nach der sogenannten Zeitenwende geschrieben, also während des bestürzenden Krieges in der Ukraine, andere in der unmittelbaren Zeit davor. Dass auch diese unverändert übernommen wurden, liegt an meiner Absicht und der des Verlages, zu zeigen, dass auch Überlegungen aus «Friedenszeiten» nicht ungültig geworden sein müssen. Im Gegenteil – es ist wichtig, daran zu erinnern, dass riskantes politisches Verhalten und viele Warnungen und Vorzeichen zu erkennen gewesen und vielfältig formuliert worden sind. Sie dokumentieren auch die völlige Ignoranz der politischen Eliten gegenüber Bedenken und Einsprüchen von Stimmen aus der Zivilgesellschaft – und weiblichen erst recht. Kassandra lässt grüßen.

Natürlich muss man die eigenen Einsichten und Schlussfolgerungen in diesen bewegten Zeiten permanent in Frage stellen und auch korrigieren – aber dieser Vorgang soll hier transparent bleiben. Wo es geboten erscheint, sind früheren Aufsätzen Kommentare und Ergänzungen vorangestellt. Kürzungen sind nur vorgenommen worden, wenn es innerhalb der Texte Dopplungen von Fakten oder Zitaten gab. Jeder Text steht für sich, aber die angebotene Reihenfolge soll zusätzlich Zusammenhänge und Widersprüche erhellen.

Über nichts ist in jüngster Zeit so viel öffentlich reflektiert worden wie über den russischen Angriffskrieg, eingebettet in vermeintliche Parallelen und Gegensätze aus Geschichte und Gegenwart. Und dennoch ist eine Selbstgleichschaltung der großen Medien unverkennbar. Klagen, von Kriegspropaganda eingehüllt zu sein, sind allgegenwärtig. Die im Sandkasten wie auch vor Gericht von alters her geltende Regel, wonach im Streitfall beide Seiten zu hören sind, ist komplett außer Kraft gesetzt. Was immer ein Russe sagt – es kann sich a priori nur um Propaganda handeln. Weshalb es als legitim, wenn nicht als überlebenswichtig gilt, so gut wie nie eine gegnerische Stimme zu zitieren und die Kommunikationspipelines und Sender des Feindes abzuschalten.

Den Bürgern wird die Fähigkeit, sich selbst durch Abgleich der Informationen eine Meinung zu bilden, nicht zugetraut und nicht zugestanden. Dabei besteht doch Freiheit gerade darin, sich unter allen Umständen in die Lage versetzen zu können, das Vernünftige zu tun. Frei nach Immanuel Kant erweist sich der Gottesbeweis in der Vernunft in uns. Daraus ließe sich derzeit ableiten, dass es mit der göttlichen Hegemonie gerade nicht weit her ist im christlichen Abendland. Der Dualismus von Gut und Böse beherrscht das Denken. Ja, derart Gelenkte könnten nicht ganz ohne Berechtigung einen Freispruch vom Vorwurf der Unvernunft einfordern. Selbst Schreibende könnten für ihre Äußerungen um mildernde Umstände bitten. Das Phänomen wird allerdings seit Generationen beklagt. Mark Twain: «Wenn man keine Zeitung liest, ist man uninformiert. Wenn man Zeitung liest, ist man desinformiert.»

Dienlicher ist freilich der kräftezehrende Versuch, die Barrieren zu durchbrechen. Viele, gerade junge Menschen, haben die Kenntnisnahme der Mainstream-Medien eingeschränkt bis eingestellt und investieren nicht wenig Zeit, sich im Netz, in Chats oder in den a-sozialen Medien ihre eigenen Quellen zu erschließen. Da kommt es sehr auf die Fähigkeit an, die seriösen unter ihnen zu erkennen. Bei dieser Art kommunikativer Individualversorgung wird die Frage, was man als bekannt voraussetzen kann, für Publizisten unübersichtlich. Zumal der eine oder andere weiße Fleck in Sachen Vorgeschichte und Verlauf des Krieges langsam auch dann und wann in den «Leitmedien»

Farbe annimmt. Deshalb schien es mir angebracht, *die* Fakten und Quellen zu erwähnen, die nachvollziehbar zur Logik eigener Erwägungen und Schlüsse geführt haben und von denen anzunehmen ist, dass sie noch nicht Allgemeingut sind.

Was im Kriegsgeschrei fast immer übertönt wird, ist, sich darum zu sorgen, wie der Frieden gewonnen werden kann. Frieden ist bekanntlich mehr als Waffenstillstand und Krisenmanagement. Pax – der lateinische Wortstamm erinnert daran, dass Frieden ursprünglich das Resultat eines Vertrages war. Frieden entsteht nicht im Selbstlauf, sondern bedarf verbindlicher Abmachungen. Wer Frieden schaffen will, sollte eine Idee davon haben, wie wir eigentlich leben wollen. Eine Idee ist keine Ideologie, aber eine Anschauung von der Welt ist kein Nachteil. Wer den Frieden gewinnen will, dem muss der Alltag groß sein, und das Große alltäglich.

Ein friedliches Leben wäre für mich eins von Freien und Gleichen, die sich – nicht zuletzt befähigt durch eine blühende Kunst und Kultur – mit hohen moralischen Ansprüchen begegnen: großzügig und tolerant, gebildet und uneigennützig, aber auch ungenügsam und vorwärtsdrängend. Sozialer Friede wird nur unter der Dominanz von Gemeinwohl und Gemeineigentum gelingen. In einer solchen Welt müsste man in den Städten wieder atmen können, in den Flüssen baden und in den Wäldern Schatten finden. Alle Kreaturen, auch Pflanzen und Tiere, brauchen Frieden. Man könnte sich ihn leisten, wenn Waffen auf allen Seiten nur noch in Museen das Gruseln lehren.

Emanzipation von Vormundschaft durch Staat und Medien, Demokratie als Souveränität der Bürger, ein zweckdienlicher Umgang mit Klimabedrohungen und Pandemien, Solidarität mit den Schwachen, Bekämpfung von Fluchtursachen und Neokolonialismus, und ja, Entnazifizierung auch bei uns.

Da gibt es fast kein Thema, das nicht dazugehört und bedacht werden muss. Beim Frieden geht es um alles oder nichts, um Sein oder Nichtsein. Weshalb hier nur einzelne Puzzles aus dem großen Mosaik geboten werden können, ohne jeden Anspruch auf Vollständigkeit. Und mit der Bitte um Ergänzung. Gebraucht wird ein von möglichst Vielen zusammengesetztes Mosaik, damit der Traum vom ewigen Frieden keine Utopie bleibt.

I.
Der Albtraum vom ewigen Krieg
Ukraine zwischen Russland und Nato

Vom Wirbel des Krieges gepackt
Lasst euch nicht in den Ruin führen – das Menschenrecht auf Leben verteidigen

(September 2022) Der Krieg, so nicht mehr für möglich gehalten, blamiert unsere Gewissheiten, offenbart unseren Gleichmut, entlarvt unser Halbwissen, belegt unsere Ohnmacht, spottet jeder Beschreibung. Zuvor schon im Krisenmodus alarmiert, sind wir in Haft genommen mitanzusehen, wie viele glücksuchende Leben ausgelöscht werden, wie viele kostbare Güter der Menschheit in Rauch aufgehen. Wenn wieder einmal Grund ist, an unserer Lernfähigkeit zu zweifeln, dann jetzt.

«Von dem Wirbel dieser Kriegszeit gepackt, einseitig unterrichtet, ohne Distanz von den großen Veränderungen, die sich bereits vollzogen haben oder zu vollziehen beginnen, und ohne Witterung der sich gestaltenden Zukunft, werden wir selbst irre an der Bedeutung der Eindrücke, die sich uns aufdrängen, und an dem Wert der Urteile, die wir bilden.» So Sigmund Freud 1915, im Ersten Weltkrieg, unter der Überschrift «Die Enttäuschung des Krieges». Versprachen sich damals noch viele Getäuschte von einem Krieg patriotischen Gewinn, so hegen heute hoffnungsvolle Erwartungen höchstens noch politische Eliten, mit ihren für die Völker maßlos überzogenen Prioritäten geopolitischer Erwägungen.

Der gegenwärtige Krieg ist eine einzige Katastrophe – für die ganze Welt, aber vor allem für die Ukraine. Wer immer darüber nachdenkt, fragt sich, wie dem geschundenen Land und seinen Menschen am wirksamsten zu helfen ist. Von Anfang an standen sich zwei diametrale Sichtweisen über die zweckmäßige Unterstützung gegenüber – Waffen oder Waffenstillstand. Das unbestrittene Recht auf bewaffnete Verteidigung gegen einen Angriffskrieg oder bestreitbare diplomatische Lösungen. Ein Kriegsende als «Siegfrieden» nach opferreichen Kämpfen auf dem Schlachtfeld oder mit Blick auf die allseitigen Fehler in der Vorgeschichte sieglos, mit beidseitigen Kompromissen am Verhandlungstisch. Die gängige Polemik auf den Punkt gebracht, steht ein «naiver Pazifismus» einem «skrupellosen Bellizismus» gegenüber.

«Deeskalation jetzt! Dem Schutz der Bevölkerung Vorrang einräumen!» – ich gehöre zu den Unterzeichnerinnen des ersten offenen Briefes an Bundeskanzler Scholz, der am 22. April in der *Berliner Zeitung* veröffentlicht wurde.[1] Es ist legitim und legal, den Verteidigungskampf eines angegriffenen Landes mit Waffen zu unterstützen, aber was legitim und legal ist, muss noch nicht sinnvoll sein. Wir verurteilten den Überfall und zeigten uns besorgt, weil die Ukraine zum Schlachtfeld zwischen Nato und Russland geworden sei. Der gleichzeitig entfesselte Wirtschaftskrieg gefährde die Existenz vieler Menschen weltweit. Wenn die Eskalation nicht gestoppt würde, stünde womöglich am Ende der ganz große Krieg, der die menschliche Zivilisation verwüstet. «So bitter das Zurückweichen vor völkerrechtswidriger Gewalt auch ist, es ist die einzige realistische und humane Alternative zu einem langen zermürbenden Krieg.» Stopp aller Waffenlieferungen, die Augen links, für Waffenstillstand und Friedensverhandlungen.

Unserem Brief folgten, mit differenzierten Argumenten und Forderungen, weitere, vielbeachtete Briefe, auch Gegenbriefe. «Wir sehen mit großer Sorge, dass in der politischen Debatte in Deutschland zum Angriffskrieg Russlands gegen die Ukraine immer wieder Forderungen nach einer nicht näher definierten und sofortigen ‹politischen Lösung› oder nach einem ‹Waffenstillstand› um jeden Preis aufkommen», hieß es in einer Erklä-

---

1 Wortlaut und Erstunterzeichner: www.ukraine-deeskalation-jetzt.de

rung, die initiiert wurde vom Institut für Sicherheitspolitik an der Universität Kiel, bekannt als militaristische Speerspitze im Lande, mitfinanziert von der Nato. Was nebenbei miterledigt werden sollte, verschwiegen die dortigen Neocons nicht, es solle «eine Neuauflage des TTIP zwischen der EU und den USA zur Stärkung der transatlantischen Wirtschaftszone stärker verfolgt werden». Die Wellen schlugen hoch.

Die Waffengegner waren damals in der Minderheit, beriefen sich auf die Geschichte. «Besser hundert Stunden umsonst verhandeln als eine Minute schießen», war ein Lebensfazit des einstigen Wehrmachtsoffiziers Helmut Schmidt. Bei den russisch-ukrainischen Verhandlungen Ende März in Istanbul fühlte sich unsereins ermutigt: Präsident Selenskyj machte weitgehende Angebote. Auf dem US-Sender ABC erklärte er seine Bereitschaft, im Falle eines Waffenstillstandes Gespräche zu führen über eine mögliche Neutralität der Ukraine bei ausreichenden Sicherheitsgarantien, Einigung über die Anerkennung der Krim und Referenden über den künftigen Status der Donbass-Republiken. «Wir werden auf Verhandlungen bestehen, bis wir einen Weg finden, unseren Menschen zu sagen: So kommen wir zum Frieden.»

Der Verhandlungsleiter der russischen Delegation, Wladimir Medinskij, so war im DLF zu hören, erklärte, die Ukraine sei «im Kern mit den prinzipiellen Forderungen Russlands einverstanden». Der Kreml war in der Defensive, kündigte in den Verhandlungen ein Vertragsangebot an, mit Abzug der russischen Truppen aus den Regionen um Kiew und Tschernihiw, beides bedeutende Standorte der ukrainischen Armee.

Doch eine Woche später reiste Boris Johnson als erster westlicher Regierungschef seit Kriegsbeginn nach Kiew. Während seiner Auszeichnung mit dem «Freiheitsorden» beschwor er eine «weltweite Allianz» zur militärischen und wirtschaftlichen Unterstützung der Ukraine. Großbritannien werde hochmoderne Rüstung liefern und für einen weiteren Weltbank-Kredit bürgen. Das werde es ermöglichen, die russischen Streitkräfte zurückzudrängen. Der Westen müsse «auf Kurs» bleiben. Wie auch bei seinen Kiew-Besuchen im Juni und August war er strikt dagegen, dass europäische Verbündete die Ukraine drängen, «ein schlechtes Friedensabkommen» mit Russland zu akzeptieren. «Das Vereinigte Königreich ist mit euch und wird mit euch sein, bis ihr siegt» (ntv 17. 6. 2022).

Waren es diese und ähnliche illusorische Aufmunterungen, die Präsident Selenskyj bewogen, nicht mehr auf Verhandlungen zu bestehen, sondern auf schweren Waffen und womöglich leichtem Sieg? Ein Vermittlungsangebot von Präsident Macron im Juni wies sein Berater Podoljak zurück – solange die Ukraine ihre militärische Position nicht gestärkt habe, ergäben Verhandlungen keinen Sinn. Wenn das die ukrainische Position sei, so der russische Außenminister Lawrow, gebe es nichts mehr zu besprechen. Seither herrscht ein Verhandlungspatt.

Für die frühe Position, wonach Waffenlieferungen den Krieg nur verlängern, wurden wir bestärkt und beschimpft wie wohl nie zuvor. Am direktesten angesprochen fühlte ich mich, wenn ukrainische Künstler sich empört an die Briefschreiber wandten mit Kommentaren, die hochverständlich sehr emotional waren, zum Teil auch mit verletzenden Unterstellungen argumentierten. Aber das Bedürfnis zu verletzen wächst eben in Kriegszeiten. So erreichten mich Fragen der Kunstplattform TU aus Mariupol, die an der Documenta in Kassel teilnahm oder der offene Brief von Serhij Zhadan (*Zeit online* 6. 7. 22) aus Charkiw, dem diesjährigen Träger des Friedenspreises des Deutschen Buchhandels. Wenn ich versuche, mich trotz eigener Unsicherheiten suchend diesen Fragen zu stellen, so in dem Bewusstsein, dass es mir nicht zusteht, Ratschläge zu geben, dass wir angesprochenen Briefschreiber aber auch keine zu ignorierende Minderheit mehr sind. Inzwischen sind immer mehr Deutsche davon überzeugt, dass Waffenlieferungen den Krieg nur ausweiten und verlängern, an der Wirksamkeit von Sanktionen zu zweifeln ist und es nur eine diplomatische Lösung geben kann. Dagegen steht der zentrale Vorwurf von Serhij Zhadan:

«Die deutschen Intellektuellen, die der Ukraine westliche Waffen zur Verteidigung nicht zukommen lassen wollen und einen Waffenstillstand fordern, sprechen der Ukraine das Existenzrecht ab.»

Wir betonen in unserem Brief, dass wir Menschen mit unterschiedlichen Einstellungen sind, wir ringen in diesen Wochen um eigene Erklärungen – es versteht sich von selbst, dass ich hier nicht im Namen aller Briefschreiber antworte und schon gar nicht aller angesprochenen, «deutschen Intellektuellen». Ich kenne allerdings niemanden, der der Ukraine das Existenzrecht abspricht. Es geht vielmehr darum, welche Existenz gemeint ist. Dazu sind im Vorfeld viele widersprüchliche Aussagen gemacht worden.

Wladimir Putin hat in seinem Aufsatz «Über die historische Einheit der Russen und Ukrainer» vom 12. Juni 2021 vor einem von westlichen Interessen geleiteten Ukraine-Projekt gewarnt, nämlich einem «Anti-Russland», das «aggressiv gegen Russland gestimmt» ist, ja ein «Aufmarschgebiet gegen Russland» würde. «Echte Souveränität der Ukraine», so sein drohendes Versprechen, sei «möglich in Partnerschaft mit Russland». Statt auszuloten, was damit gemeint sein könnte, kamen aus Washington nur Signale, die darauf zielten, dass Russland seinen Herrschaftsanspruch über die Ukraine aufzugeben habe. Ganz im Geiste des US-Geostrategen Zbigniew Brezeziński: Ohne die Ukraine hört Russland auf, eine Großmacht zu sein. Und das ist für die amerikanische Führungsrolle unerlässlich.

Was uns Briefschreiber eint, ist die Sorge «vor einer unbeherrschbaren Ausweitung des Krieges mit unabsehbaren Folgen für die gesamte Welt» und sehr absehbaren für die Ukraine selbst. Nach einem halben Kriegsjahr ist die Infrastruktur weitgehend zerstört, liegt die Wirtschaft am Boden, ist mehr als ein Drittel der «Werktätigen» arbeitslos, ist das Land praktisch zahlungsunfähig. Hatte die große Ukraine schon vor dem Krieg nach dem kleinen Moldawien pro Kopf das niedrigste Bruttosozialprodukt in Europa, so ist ihre derzeitige Leistungsfähigkeit kein Garant für eine souveräne Existenz mehr. Sie wird auf Jahrzehnte hinaus von der Weltbank oder einem der geopolitischen Blöcke abhängig sein wie ein Protektorat. Erfolgten die westlichen Waffenlieferungen anfangs als kostenlose Militärhilfe, so muss die Ukraine nach dem Lend-Lease Act von 2022 dafür bei den USA längst Kredite aufnehmen, verschuldet sich und vertieft ihre Abhängigkeit.

In einer Reportage aus dem besetzten Donbass sagte unter ihrem Kopftuch eine alte Frau: Mir ist ganz egal, wer hier regiert, Hauptsache, ich kann ein auskömmliches Leben in Frieden führen. Das dürfte die Stimmung vieler treffen. Ob diesem bescheidenen Wunsch die Schocktherapien des Neoliberalismus eher gerecht werden als die dirigistische Marktwirtschaft eines postsozialistischen Oligarchen-Kapitalismus, sei dahingestellt. Die Politikverdrossenheit ist generell groß, und die Vorstellung, es gäbe für die Menschen nichts Wichtigeres als die Frage, welcher Teil der korrupten Elite demnächst über sie herrschen darf, ist eine Anmaßung. Das wichtigste Menschenrecht ist das Recht auf Leben. Wer das Leben verliert, für den haben sich auch alle anderen Rechte erledigt. Daraus ergibt sich eine zu bedenkende Hierarchie von Zielvorstellungen, wenn es um Kompromisse geht. Serhij Zhadan ist kompromisslos, wenn er fortfährt:

> «*Indem sie einem falsch verstandenen Pazifismus anhängen – der nach zynischer Gleichgültigkeit stinkt –, legitimieren die Verfasser des Briefes die Putinschen Propagandanarrative, die besagen, dass die Ukraine kein Recht auf Freiheit*» hat.

Niemand schreibt offene Briefe aus Gleichgültigkeit. Ich hätte gern zurückgefragt, von welcher Freiheit in seinem offenen Brief die Rede ist. Wer Vorkriegsanalysen über die Ukraine kennt, gerade aus den USA, für den lässt sich das von den Medien gezeichnete Bild einer aufstrebenden Demokratie nach westlichem Vorbild kaum aufrechterhalten. Der IWF prangerte Präsident Selenskyj als Führer einer korrupten Regierung an. Ein Bericht des US-Außenministeriums von 2020 präzisierte, sprach von schwerwiegenden Korruptionsfällen und strukturellen Gefahren; letztlich bestimmten sechs Milliardäre die Wirtschaft und damit die Politik. (Als der Generalstaatsanwalt 2015 dagegen Untersuchungen einleiten wollte, hat der damalige US-Vizepräsident Biden handstreichartig erreicht, dass er entlassen wird.[2]) Es gebe große Verwerfungen im Sozialen, schlimmste Formen von Kinderarbeit; Millionen Wirtschaftsflüchtlinge hätten das Land lange vor dem Krieg verlassen und arbeiteten zu Niedrigstlöhnen in Westeuropa.

Die Meinungsfreiheit hat es seit 2014 zunehmend schwerer, die Kommunistische Partei und regierungskritische Medien und Organisationen sind pauschal als «prorussisch» ausgegrenzt und verboten worden. Wer den Bandera-Kult kritisiert, wird verfolgt. Ebenso, wer meint, die Krim gehöre zu Russland. Freie Diskussionen seien nicht selbstverständlich in der Ukraine. Bis zum Krieg war im Parlament immerhin die zweitgrößte Partei die «Oppositionsplattform für das Leben». Dass sie wegen ihrer Nähe zu Russland nun auch verboten wurde, mag man verstehen. Hat aber dieses Verbot vielleicht den Weg dafür frei gemacht, dass das Parlament ausgerechnet jetzt das Gesetz zu einer «Arbeitsmarktreform» verabschiedet, das schon ein Jahr vor dem

---

2 Siehe zu den Verstrickungen von Bidens Sohn Hunter S. 78 f. in diesem Buch sowie ausführlich Daniela Dahn in: Erweiterte Taschenbuchausgabe «Tamtam und Tabu», Frankfurt 2022, S. 30 ff.

Krieg von der Regierungspartei eingebracht wurde? Er zerstört alle Arbeitnehmerrechte besonders in Unternehmen mit weniger als 250 Mitarbeitern. In diesem «Feldzug gegen sowjetische Überbleibsel» werden die Gewerkschaften entmachtet und enteignet, Tarifverträge ignoriert, die Arbeitszeit nach Belieben verlängert, Streiks und Demonstrationen verboten. Die Beschäftigten sollen ihre Beziehungen zu den Unternehmern selber regeln, wie üblich, wenn ein Staat «frei, europäisch und marktorientiert» ist. Vorbild soll die Deregulierungswelle nach dem Putsch 1973 in Chile sein. «Dass Augusto Pinochet ihr persönliches Vorbild darstellt, sprechen Politiker der ukrainischen Regierungspartei *Diener des Volkes* immer wieder offen aus.»[3]

Der europäische Gewerkschaftsdachverband kritisierte im August in einem Schreiben an die Brüsseler Kommission scharf, dass die ukrainische Regierung mit dieser Reform gegen europäische und internationale Regeln verstößt und die Beschäftigten in einen Zweifrontenkrieg treibt – gegen die russische Armee und gegen die eigenen Oligarchen und Politiker. Und er bezweifelt, dass diese Maßnahmen, wie behauptet, nur für die Zeit des Kriegsrechtes gelten werden.

In dieser angespannten Situation haben sich die Rada-Abgeordneten gerade einstimmig ihre Bezüge um 70 Prozent erhöht.[4] Die Ukraine hat sich einem neoliberalen Konsens verschrieben, der welthistorisch zu Ende geht. Auch deshalb gilt meine uneingeschränkte Solidarität zwar den Ukrainern, aber nur eingeschränkt der jetzigen Ukraine.

Zumal der US-Bericht schon vor zwei Jahren schwerwiegende Menschenrechtsprobleme benannte, insbesondere in Bezug auf

---

3 Reinhard Lauterbach, Osteuropa-Korrespondent, *Junge Welt* vom 30. 8. 22.
  Siehe auch das Interview mit Olga Baysha zur angeblichen Demokratie in der Ukraine und die Bewunderung der dortigen Neoliberalen für das Pinochet-Regime: overton-magazin.de am 25. 5. 22.
4 overton-magazin.de, 22. 8. 22.

Der Albtraum vom ewigen Krieg

die Unabhängigkeit der Justiz. Es gäbe willkürliche Inhaftierungen und gar Tötungen, Folter und unmenschliche Behandlung durch Vollzugsbeamte bis zu lebensbedrohlichen Bedingungen in Gefängnissen.

Auch die UNO hat erhebliche Mängel bei der Untersuchung von Menschenrechtsverletzungen durch Sicherheitskräfte festgestellt, es herrsche ein Klima der Straflosigkeit, der fehlenden Rechenschaftspflicht bei Gewalt gegen Frauen, gegen ethnische Minderheiten oder Homosexuelle, auch gegen antisemitisch motivierte Angriffe. Linke Gruppierungen seien völlig marginalisiert, eine Stiftung ist von Ultrarechten angegriffen und ihr Büro mehrfach vom ukrainischen Geheimdienst eingeschüchtert worden. Auch Grüne haben das Land, das sie nun zum Sieg führen wollen, schon kritischer gesehen. «Die demokratischen Institutionen in der Ukraine erleben eine schlimme Zeit» warnte der Leiter der Kiewer Heinrich-Böll-Stiftung, Sergej Sumlenny, vor drei Jahren (bpb 18.7.19). Freunde aus Kiew bestätigen, dass der russische Überfall ein Riesengeschenk für die Ultrarechten in der Ukraine war. Aber worauf beruht dieser Nationalstolz? Das einzig Perfekte in diesem Krieg ist die Propaganda.

2018 konnte ich in Moskau das Sacharow-Museum und die NGO Memorial noch besuchen, was Anlass bot, mich zu fragen, ob ich zu nachsichtig mit der inneren Entwicklung in Russland gewesen bin. Die Mitarbeiter erzählten, sie bekämen kein Geld von russischen Behörden, stattdessen prüfe der Staat ihre Geldquellen, die aus dem Ausland stammen und von Crowdfunding. Noch behindere er nicht ihre Inhalte, sie hätten durch den großen Namen Andrej Sacharow einen gewissen Schutz, aber man habe Angst, dass sich das ändern werde. Inzwischen sind auch sie verboten, wird das Gesetz über «ausländische Agenten» (ursprünglich übernommen von den USA und Israel) exzessiv instrumentalisiert zur Unterdrückung von Widerspruch. Andersdenkende und -lebende haben es extrem schwer, ob in

Medien oder in der LGBTQ-Community, die Rolle von einflussreichen Oligarchen bleibt undurchsichtig, in der Duma kommt echte Opposition kaum vor, die Gewaltenteilung ist praktisch aufgehoben.

Was aber die relativen Freiheiten in der politischen Praxis der Vorkriegsukraine betrifft, die zu verteidigen der Westen nun vorgibt, so wäre es wichtig, sie genauer zu analysieren, um denen widersprechen zu können, die meinen, das politische System der Ukraine sei nur der schwächere Abglanz des russischen gewesen. Das wäre für die Konkretisierung der Kriegsziele nicht ganz unwichtig. Freunde aus Kiew:

> *«Unter dem Einfluss von Propaganda verstehen hier viele nicht, weshalb die Briefschreiber und andere Zweifler sich so schwer damit tun, in diesem ‹unprovozierten Krieg› Partei zu ergreifen, weshalb sie von ‹Hasardeuren auf beiden Seiten› sprechen.»*

Die Wendung «unprovozierter Krieg» hätte nach meinem Ranking gute Chancen, zum Unwort des Jahres zu werden. Wenn dieser Krieg irgendetwas ist, dann seit vielen Jahren vom Westen provoziert. Um aus der großen Auswahl nur an einige Provokationen zu erinnern: 1999 der völkerrechtswidrige Bombenkrieg gegen Russlands Verbündeten Serbien; die wider alle Zusagen permanente Osterweiterung der Nato von 16 auf 28 Mitglieder; 2004 die Orangene Revolution in Kiew «nach Drehbuch» der US-Organisation Freedom House und der Konrad-Adenauer-Stiftung zum Sturz des russlandfreundlichen Präsidenten, der bei den nächsten Wahlen aber wiedergewählt wurde; 2008 die Gipfelerklärung der Nato, in der der Ukraine und Georgien der Beitritt zur Allianz in Aussicht gestellt wird (Angela Merkel unlängst im Berliner Ensemble: Ich war sicher, dass Putin das nicht mitmacht, er wird es als Kriegserklärung auffassen); 2014 der Maidan-Putsch zum erneuten Sturz des Präsidenten; 2019 die Aufnahme des Ziels eines Nato-Beitritts in die ukrainische Verfassung, obwohl die Mehrheit der Ukrainer dagegen war; Nato-Manöver auf dem Boden des De-facto-Mitgliedes Ukraine; dauerhafte Präsenz von Nato-Truppen im Baltikum; einseitige Kündigung von Abrüstungskontrollverträgen; Inkonsequenz des Westens gegenüber der Ukraine, die hauptverantwortlich für das Nichteinhalten des Minsk-II-Abkommens war; Nichtachtung russischer Verhandlungsangebote. Fünf Tage vor dem russischen Angriff verlangte Präsident Selenskyj auf der Münchner Sicherheitskonferenz einen klaren Zeitrahmen für den Nato-Beitritt und drohte, die Ukraine könne sich wieder eigene Atomwaffen anschaffen. Auch verschiedene Regierungen der Ukraine waren an den Provokationen beteiligt.

Schon am Tag des Überfalls Russlands auf die Ukraine am 24. Februar gab US-Präsident Biden im Gespräch mit Präsident Selenskyj das Wording vor: Dieser «unprovozierte Angriff» sei die dunkelste Stunde seit dem Zweiten Weltkrieg. Am selben Tag nahm der britische Premier Johnson auf Twitter die Wort-Order auf, mit ihm der belgische und der australische Regierungschef. Bald übernahm die Nato die Sprachregelung «unprovoziert», auch in Deutschland ist sie üblich.

Weshalb dieser Eifer im Leugnen des Offensichtlichen? Was würde es denn ändern, wenn man einräumt, dass dem Krieg Provokationen vorausgegangen sind? Keine Provokation rechtfertigt ein Verbrechen. In der Literatur zum Strafrecht heißt es etwas umständlicher: Auch eine noch so gravierende, rechtswidrige Provokation ändert nichts daran, dass sich der Angreifer durch seine aggressive Reaktion ins Unrecht setzt. Die Provokationen von Teilen der politischen Klasse im Westen ändern nichts daran, dass der russische Überfall auf die Ukraine völkerrechtlich verbrecherisch ist, politisch reaktionär, militärisch verheerend und menschlich katastrophal. Weshalb also der Eifer?

«Unprovoziert» ist ein politischer Terminus, kein juristischer.

Das Strafrecht und die hinter ihm stehende Moral schützen einen aggressiven Provozierten nicht, machen aber unter Umständen mildernde Umstände geltend. Es kennt zudem den Tatbestand der «unzulässigen Tatprovokation». Der bezieht sich meist auf sogenannte *agents provocateurs*, die im staatlichen Auftrag einen potentiellen Täter so lange in Versuchung bringen, bis dieser in die provozierte Falle tappt und entlarvt ist. Der Europäische Gerichtshof für Menschenrechte hat 2014 (im Fall «Furcht gegen Deutschland») die Rechte von angestifteten Tätern gestärkt; sie dürften nicht verurteilt werden, wenn der Grundsatz des fairen Verfahrens verletzt wurde. Der Bundesgerichtshof hat mit seinem Urteil vom 10.6.15 nachgezogen. Wenn eine Tat provoziert war, ist dies ein «wesentlicher Strafmilderungsgrund». Wenn es sich sogar um eine «rechtsstaatswidrige Provokation» handelt, muss das Verfahren gegen den Straftäter eingestellt werden.

Nun kennt die Politik das Delikt «rechtsstaatswidrige Provokation» nicht, im Gegenteil. Wer den Gegner besonders clever austrickst, gilt als cooler Player. Im Völkerrecht gibt es den Vorwurf «unzulässige Tatprovokation» bisher nicht. In der Praxis wird es einfach Außenpolitik genannt. Provokante Sanktionen sollen die Funktion übernehmen, die einst Diplomatie hatte. Wer im Zivilrecht gegen Verträge verstößt, wird dafür belangt; gegen zwischenstaatliche Abkommen können Politiker so lange verstoßen, wie sie lustig sind. Siehe das Minsker Abkommen.

Im Völkerrecht kann man Regierungen nur durch gutes Zureden dazu bringen, sich an die Rechtslage zu halten. Diese Rechtslage wird in der «Realpolitik» oft auch dadurch verändert, dass laufende Verträge einseitig gekündigt oder nicht verlängert werden. Rechtlich spielt also die Frage, ob ein Krieg provoziert oder unprovoziert begonnen wurde, bisher keine Rolle. Aber das könnte sich ändern. Im Juli 2018 haben die Vertragsstaaten des «Römischen Statuts» des Internationalen Strafgerichtshofs

(IStGH) die Zuständigkeit dieses Gerichts erweitert. War es bis dahin «nur» für Völkermord, Verbrechen gegen die Menschlichkeit und Kriegsverbrechen zuständig, kann nun erstmalig auch «das Verbrechen der Aggression» angeklagt werden. Nicht ausgeschlossen, dass in der Interpretation dann auch Gesichtspunkte der Provokation aus dem Strafrecht entlehnt werden. Sollte die politische Klasse mit ihrer sofortigen Sprachregelung «unprovoziert» so weitsichtig gewesen sein? Oder war das eher Indiz für ein diffuses Gefühl der Mitschuld, das für die Öffentlichkeit umgehend getilgt werden musste?

Moralisch sind die Provokationen auch heute schon nicht zu ignorieren. Der Westen ist Teil des Problems. Und wir, die Briefschreiber, die Autoren, man kann es in dem Zusammenhang auch die deutschen Intellektuellen nennen, sind für die Überprüfung der Aktivitäten *unserer* Seite zuständig. Auf die russische haben wir erst recht keinen Einfluss. Will man künftigen Konflikten vorbeugen und nicht immer wieder, schlafwandelnd oder absichtlich, dieselben Fallen aufstellen, bleibt diese Analyse unverzichtbar.

Nochmals die Stimmen aus Kiew:

«Ursachen liegen nie nur auf einer Seite, aber man sollte nicht allen, die jetzt unmissverständlich zwischen Gut und Böse unterscheiden, unterstellen, sie seien Opfer ukrainischer Regierungspropaganda oder auch russischer Kriegspropaganda. Propaganda ist nur ein Faktor unter vielen, die Lage ist komplex.»

Sehr einverstanden. Genau deshalb tun wir uns alle schwer. Wir, die wir von außen schauen, sind gehalten, *unsere* Propaganda unter die Lupe zu nehmen. In Bezug auf Russland sei «die deutsche Presse die bösartigste überhaupt», sagte Michail Gorbatschow schon 2009 im DLF. Was die Parteinahme für Gut und gegen Böse betrifft, ist generell Vorsicht geboten. Das ist zwar ein dominantes, aber nicht minder ungeeignetes Modell zur Erklärung von irgendwas. Geheimdienste treten aus ihrer Rolle und werden zu Nachrichtenagenturen. John Pilger, einer der prominentesten englischsprachigen Journalisten, benennt im Interview mit *Talking Post* die simple Spielregel im laufenden Propagandakrieg: Alles, was die Ukraine tut, ist zu glorifizieren, alles was Russland tut, zu verunglimpfen. Das mit einiger Selbstverständlichkeit für die einzig zutreffende, wahre Realitätsbeschreibung zu halten, darauf hat sich unser Denken schon eingespurt. Dabei könne man nichts, aber auch gar nichts, was man in der westlichen Presse über den Krieg liest, glauben, so Pilger. Die dualistische Feindbild-Sicht hat lange vor dem Krieg begonnen, ja sie ist seine Voraussetzung.

Russiagate war die größte Story seit Watergate, Journalisten wurden befördert und Medien ausgezeichnet. So die *New York Times* und die *Washington Post* mit dem begehrten Pulitzerpreis. Als Beweis für Russiagate galt das «Steele-Dossier», das angeblich auf «Deep-Cover-Quellen» in Russland basierte. Es besagte, dass Trump eine Marionette Putins sei. Mit seiner Kritik an der US-Interventionspolitik oder der Zusammenarbeit mit Al-Qaida in Syrien spucke Trump russische Propaganda aus. Unter Missachtung aller journalistischen Standards wurde wie im Rausch über das Dossier berichtet, und die Einschaltquoten und Auflagen schnellten in die Höhe.

Mit Putin war nun der allmächtige Feind geschaffen – Putin hinter Wikileaks, hinter russischen Hackern, hinter Social-Media-Operationen, die Millionen von Amerikanern die Gehirne waschen; Putin sogar hinter Bernie Sanders, um die Clintons zu schwächen. Und der mächtigste Mann der Welt diene ihm als Agent. Trump musste seine ursprüngliche Absicht, mit Russland auskommen zu wollen, aufgeben, den für Europa existenziellen INF-Abrüstungsvertrag über atomare Mittelstreckenraketen kündigen, den New-Start-Vertrag aufs Spiel setzen und immer mehr bedrohliche Manöver an der russischen Grenze auffahren.

Ende vorigen Jahres hat das US-Justizministerium in einem innerelitären Konkurrenzkampf ermittelt, dass Russiagate ein vollständig erfundener Fake war – der Informant soll im Knast sitzen, seine Hintermänner haben erreicht, was sie wollten.[5]

In diesem Klima haben Fakes immer wieder beachtliche Eigendynamik entwickelt. Wie auch die sogenannte «Gerassimow-Doktrin», eine Formulierung des lange in den USA tätigen britischen Experten für russische Sicherheitspolitik Mark Galeotti. Er hatte eine 2013 gehaltene Rede von Waleri Gerassimow, Generalstabschef der Streitkräfte Russlands, so interpretiert, als sei darin die künftige russische hybride Kriegsführung beschrieben worden, eine infame Hightech-Strategie, eine Vision totaler Kriegsführung. Sofort entwickelte sich ein medialer Hype um das «Schlüsseldokument». Dabei hatte Gerassimow in seiner Rede in der Moskauer Akademie der Militärwissenschaften aus seiner Sicht beschrieben, mit welchen Mitteln der Westen, speziell die USA, in Syrien oder Libyen operiert haben oder im Arabischen Frühling und all den Farbrevolutionen gegen russlandfreundliche Regierungen bis zum Maidan. Und wie Russland sich dagegen wappnen müsse.

Aber alle reden über die «Gerassimow-Doktrin», bedauerte Galeotti fünf Jahre später in der Zeitschrift *Foreign Policy*, sie habe in ihrem Sog Angst und Abscheu erzeugt. Dabei gebe es «one small problem: it doesn't exist». Er habe seinem Text nur einen «eingängigen Titel» geben wollen, «I'm sorry». Und er beklagte die «trendgeleitete Forschung», es fehle im Westen an Russland-Experten mit hinreichendem Fachwissen.

Dem heißen Ukraine-Krieg ging dieser jahrelange, kalte Informationskrieg voraus. Desinformation ist der Marsch in eine Welt

---

5 «Tamtam und Tabu», a. a. O., S. 32 ff.

der Irrationalität, für die Medien nicht zur Rechenschaft gezogen werden. Orwell hatte es vorhergesehen: der konstruierte Feind, der unsere eigene Vernunft zerstört. Und wie man heute sieht, auch die Vernunft des verleumdeten Feindes zugrunde richtet.

Solche Reflexionen werden nicht das sein, was in der akuten Notsituation in der Ukraine als hilfreich empfunden wird. Aber wer fragt, muss damit rechnen, eine Antwort zu bekommen. Mitglieder der Kunstplattform TU aus der völlig zerstörten Asow-Brigaden-Hochburg Mariupol fragen die Schreiber des ersten offenen Briefes:

> *«Warum glauben Sie an die militärische Überlegenheit Russlands, wenn dieser Krieg gezeigt hat, dass die Ukrainer*innen ihr Land sehr wohl verteidigen können und ihre Chancen darauf durch die militärische Unterstützung des Westens nur steigen?»*

Wer letztlich überlegen sein wird, weiß derzeit niemand, alles deutet auf einen langen, zermürbenden Krieg hin. Ich arbeite weder mit Glauben, noch bin ich vor Ort. Ich ziehe meine Schlüsse aus der Analyse mir zugänglicher, sich auch widersprechender Quellen, die ich so gründlich wie möglich zur Kenntnis nehme. Dabei scheint mir, dass die Rationalität von Militärs im Vergleich zu Politikern oder Politikwissenschaftlern mitunter stärker ausgeprägt ist, weil sie wissen, wovon sie reden.

Am Anfang unterlag der Kreml offensichtlich der Fehleinschätzung, Kiew sei im Handstreich zu nehmen, weil es viele Überläufer geben würde. So wie 2014 auf der Krim, wo fast zwei Drittel der ukrainischen Soldaten übergelaufen sind. Hatten die Dienste in Moskau übersehen, dass seither die ukrainische Armee zur bestausgerüsteten Truppe der ganzen Nato geworden war, ohne Mitglied zu sein? Die russische Armee musste ihre Strategie vollkommen umstellen, ihr Vormarsch ist verlustreich, langsam, aber trotz Rückschlägen wohl kaum aufzuhalten. Allein die benachbarte Nähe bietet einen nicht zu übertreffenden strategischen Vorteil gegenüber Waffen aus Übersee.

Von den westlichen Waffenlieferungen sollen zudem nur etwa ein Drittel zum Einsatz an der Front ankommen, der «Rest» wird durch Angriffe zerstört oder verschwindet auf dem Schwarzmarkt. Anscheinend ist Hightech-Rüstung sogar an Russen verkauft worden, weshalb die modernste und somit geheimste Technik sowieso nicht geliefert werden kann. Wer Waffen in einen heißen Krieg liefert, kann nie wissen, wen er aufrüstet. Und Waffen für einen offensichtlichen Stellvertreterkrieg sind zumindest anteilig auch skrupellose Instrumentalisierung. Keine Waffen in Krisengebiete – warum diese bislang gültige Regel plötzlich ungültig war, ist nie begründet worden. Seit dem Vietnamkrieg haben die USA im Bunde mit Willigen und Unwilligen noch nie einen Krieg gewonnen. Jedenfalls nicht im Sinne von Humanismus, Freiheit und Demokratie für das angegriffene Land. Aber die Ukrainer in der ärmsten Region Europas sollen nun für die Nato den Sieg ausfechten. Und die meisten Medien treiben die Politiker in diesem Sinne vor sich her.

Letzten Endes wird niemand gewinnen. Es werden alle verloren haben. Der einzige Gewinn könnte die verspätete und wahrlich nicht neue Einsicht sein, dass auch Kriege mit modernsten Waffen nicht führbar, nicht gewinnbar sind und nichts als Unheil bringen. Sie sind politischen Lösungen unterlegen. Eine Einsicht, die auch auf russischer Seite bitter nötig wäre. Und die Serhij Zhadan aus Charkiw nicht teilen würde:

«*Ich weiß nicht, was die getöteten Bürger der Ukraine von der Idee halten würden, mit Russland zu verhandeln*». (Gerade sie, stünden sie noch einmal vor der Wahl, würden wohl Verhandlungen vorziehen.) «*Aber ich weiß, dass sie keine Waffen hatten und sich deswegen nicht verteidigen konnten.*»

Mit Verlaub, das widerspricht den Tatsachen. Die allermeisten getöteten Bürger der Ukraine hatten Waffen, nämlich die Soldaten. Sie haben ihr Leben verloren, als sie den für die Angreifer viel schwierigeren Häuserkampf in den Städten wählten. Weil sie, was auszusprechen Amnesty International Schimpf und Schande brachte, ihre Geschosse nachweislich aus leerstehenden Fabriken, Schulen, Kindergärten und Krankenhäusern abfeuerten. Das humanitäre Kriegsrecht schreibt auch für die Verteidigung vor, «militärische Objekte möglichst weit weg von ziviler Infrastruktur zu platzieren», um Opfer unter Zivilisten zu reduzieren. Diese in der Tat konnten sich nicht verteidigen und hätten es auch mit Waffen nicht gekonnt. Was für eine Illusion, in einem Hightech-Krieg Bürger schützen zu wollen mit Waffen, die sie bedienen können. Was hier zu beklagen ist, ist die militante Logik auf allen Seiten.

Das ist ein Krieg in bewaffneten Städten. Stell dir vor, es ist Krieg und die Städte sind unbewaffnet. So wie es die Option der «unverteidigten Städte» des humanitären Völkerrechts der Haager und Genfer Konventionen vorsieht, die wir auf Anregung des Völkerrechtlers Norman Paech in unserem Brief erwähnen. Wenn sich alle Kombattanten zurückziehen und militärische Ausrüstungen verlegt werden, ist es untersagt, offene Städte, Dörfer, Wohnstätten oder Gebäude anzugreifen oder zu beschießen. Im Zweiten Weltkrieg konnten unter anderem Paris, Brüssel, Rom, Florenz, Athen und Gotha so vor Zerstörung gerettet werden und die Bewohner überleben. Man mag es als Kapitulation vor dem Feind abtun oder als die Klugheit des Nachgebenden ansehen, der seinen Gegner auf intelligentere Art herausfordern wird. Im Übrigen kapitulieren nicht Staaten, sondern Streitkräfte. Auch muss das nicht bedingungslos erfolgen. Der Politik bleibt ein Handlungsspielraum, zumal man sicher sein kann, dass die Weltöffentlichkeit den Friedensschluss kritisch begleiten wird.

Doch der Oberkommandierende Selenskyj bleibt im nationalen

Verteidigungstaumel, will die Krim zurückerobern und verkündet: «Die russische Armee wird Kiew nur dann einnehmen können, wenn sie die Hauptstadt dem Erdboden gleichmacht.» Nicht alle unterstützen diese Art von Patriotismus, nicht alle wollen kämpfen. Die *Ukrainische Pazifistische Bewegung* kämpft für die Rechte von Militärdienstentziehern und Deserteuren, Verhaltensweisen, die der Europäische Gerichtshof 2011 zu Menschenrechten erklärt hat. (Auch Russland hält sich keineswegs daran.) Männer im wehrpflichtigen Alter dürfen die Ukraine nicht verlassen, sie werden sonst festgenommen und den Militärbehörden überstellt. Einige tausend Verfahren sind schon eröffnet worden. Dieses archaische Geschlechtsbild maßt sich eine Pflicht zur Verteidigung an, wo doch kein Staat seine Bürger zwingen dürfte, für ihn zu töten oder auch nur sein Leben aufs Spiel zu setzen. Es gibt auch Ukrainer, die Verhandlungen vorzögen. Auch das sieht Zhadan ganz anders:

«Darin liegt meiner Meinung nach der größte Fehlschluss der deutschen Intellektuellen, die auf Verhandlungen mit Russland drängen: Die Russen wollen nicht verhandeln, sie wollen uns vernichten.»

Die Rücksichtslosigkeit der russischen Truppen bei der Eroberung der auserkorenen Großstädte ist allerdings bedrückend. Diese grausamen Schlachten sind eine historische Tragödie. Wie Ex-General Harald Kujat aber betont, hängt die Unerbittlichkeit mit der bereits erwähnten Taktik der ukrainischen Truppen zusammen, sich statisch in Städten und urbanen Räumen festzusetzen – die schwerste Kriegsführung. Gleichzeitig sind die Truppen so nicht beweglich und damit Ziele der russischen Artillerie, die gegen die ukrainische Armee nur kämpfen kann, wenn sie zivile Ziele angreift. Eine Armee, die vernichten will, würde nicht nur einen eher kleinen Teil ihrer Streitkräfte und modernen Waffen ins Feld führen. (Wie man mit dem historisch belasteten Begriff «Vernichtungskrieg» überhaupt vorsichtig sein sollte. Auch Russland «ruinieren» zu wollen hört sich aus dem Mund einer deutschen Außenministerin erstaunlich geschichtsvergessen an.)

Ich versuche mich in die Todesangst zu versetzen, die einen im Luftschutzkeller ergreift, etwa in Charkiw. Verfolgt von dem Entsetzen und der Trauer über tödlich verletzte Angehörige und Freunde. Eine apokalyptische Perspektive, der man keine historischen Relationen abverlangen kann. Was ein Vernichtungskrieg ist, sollte dennoch auch in der Ukraine noch abrufbar sein. Die deutschen Faschisten, unterstützt von ukrainischen Glaubensbrüdern unter Bandera, haben allein in dieser Sowjetrepublik 850 000 Juden ermordet. Unter diesen Verbrechen war im September 1941 das legendär gewordene Massaker in der Kiewer Schlucht von Babyn Jar, wo innerhalb von 48 Stunden 33 000 jüdische Frauen, Kinder und Greise erschossen wurden. Zahllose ukrainische Zivilisten sind von der Wehrmacht dahingemetzelt worden, in mehr als 300 «verbrannten Dörfern» sind, wie in Peremoha, sämtliche Bewohner in ihren Häusern und Scheunen verbrannt oder gelyncht worden. Die meisten der nach Deutschland deportierten Arbeitssklaven waren ukrainische Frauen und Männer, viele davon haben nicht überlebt.

«Die Slawen sollen für uns arbeiten. Soweit wir sie nicht brauchen, mögen sie sterben.» Die Nürnberger Prozesse dokumentierten den Plan der Nazis, die einheimische Bevölkerung Osteuropas durch «Austreibung und Vernichtung zu beseitigen, um ihr Gebiet von den Deutschen für Siedlungszwecke verwenden zu können». Das sind Dimensionen, die sprachlich einzuordnen ich von einem Schriftsteller trotz allem erwarte. Gerechtigkeit ist nur über Relativieren herzustellen. Umso dramatischer, dass 77 Jahre nach dem Zweiten Weltkrieg in der Ukraine wieder deutsche und russische Panzer gegeneinander kämpfen. Serhij Zhadan ist hartnäckig:

«Verstehen die Verfasser des Briefes wirklich nicht, was die Ukrainer erwartet, wenn sie die Waffen niederlegen?»

Das ist eine Erwartung mit vielen Unbekannten und hängt sicher vom Fortgang der Ereignisse ab. Aber wir leben nicht mehr unter den Bedingungen des Stalinismus oder gar des Zarenreiches. Auch das Nachkriegsgeschehen wird sich unter den Augen der Weltöffentlichkeit abspielen, der UNO, des IGH. Es gibt die sogenannten sozialen Medien, zivilen Widerstand, Wahlen, Referenden. Selten hat sich ein Gebiet auf Dauer so entwickelt, wie Besatzer es wünschten. Eine intakte Infrastruktur und motivierte, tatkräftige Menschen sind eine bessere Ausgangsbasis für einen politischen Gewinn als ein formaler militärischer Sieg. Das Angebot von Waffenstillstand und Verhandlungen ist zumindest ein dem Leben zugewandtes Risiko.

Der Kampf bis zum letzten Blutstropfen dagegen hat den Bund mit dem Tode schon geschlossen. Denn was ist die Alternative? Sollte sich wider Erwarten diese Logik zwischenzeitlich doch als erfolgreich erweisen, die Lage der ukrainischen Armee, faktisch unterstützt von der gesamten amerikanischen Militärmaschinerie, offensiver werden und die Russen mit überraschend vielen westlichen Wunderwaffen zurück und gar herausgedrängt werden, steigt die Gefahr einer atomaren Kurzschlussreaktion enorm. Man wundert sich, wie scheinbar gelassen die auf «Siegfrieden» setzende Seite nicht nur in der Ukraine diese naheliegende Schlussfolgerung ausblendet. Hierzulande wird ausgiebig gestritten, ob und wo Masken im Pandemieherbst hilfreich sein werden. Welche Masken gegen atomaren Fallout helfen, bleibt unerwähnt. Die Tonnen toter Fische in der Oder sind zweifellos ein Drama, aber kein Medium malt aus, was atomare Verseuchung bedeuten würde.

Mitte August 2022 veröffentliche das US Fachjournal *Nature Food* eine Studie, wonach schon ein regionaler Atomkrieg wie zwischen Indien und Pakistan vor Ort 27 Millionen Menschen töten würde; nach Feuersbrünsten würden so viel Rußpartikel in die höhere Atmosphäre geschleudert, dass die Sonneneinstrahlung blockiert und eine weltweite Hungersnot weitere 255 Millionen Menschen das Leben kosten würde. Ein Atomkrieg zwischen den beiden Atomsupermächten Russland und USA, wie er jetzt als Bedrohung und doch beinahe lax in Nebensätzen immer mal wieder auftaucht, würde 150 Millionen Tonnen Ruß ausspucken, er würde sich wie ein dunkler Schleier jahrelang um die Erde werfen, die Temperaturen um 16 Grad senken und 90 Prozent der weltweiten Lebensmittelproduktion verunmöglichen. Entsprechend würde der größte Teil der Erdbewohner verhungern. Die mehrfach formulierte Angst vor «Auslöschen», hätte nur in diesem Zusammenhang ihre Berechtigung.

Hinter diesem Szenario muss die Unverletzlichkeit der ukrainischen Grenzen zurücktreten. Souveränität ist ein hohes Gut, aber auch ein relatives, das an Höhe verliert, wenn dagegen der Zusammenbruch der Weltwirtschaft, des Weltklimas, also der Lebensgrundlage der Menschheit in Stellung gebracht wird. Es mag ja sein, dass die Frage, ob die Ukraine als souveräner Staat weiterexistieren kann, derzeit die zweitwichtigste Frage der Welt ist; die wichtigste aber bleibt auf immer die Frage, ob die Menschheit weiterexistieren kann.

«Warum meinen Sie, dass ein Waffenstillstand Frieden bringen würde, wenn wir in den von Russland besetzten Gebieten nichts als Morde, Folterungen, Vergewaltigungen und andere Menschenrechtsverletzungen beobachten?»

Die Wahrnehmungen aus Mariupol sind wahrlich erschütternd, aber sie beschreiben den Alltag von Krieg. Er zeichnet sich gerade dadurch aus, dass die zivilisatorischen Normen über Nacht zusammenbrechen. Leider auf allen Seiten. Dass Massa-

Der Albtraum vom ewigen Krieg

ker auch zu Propagandazwecken genutzt werden und oft nicht abschließend aufzuklären sind. Einst bekam der Autor Kurt Tucholsky viel Ärger für seinen 1931 in der *Weltbühne* veröffentlichten Satz: «Soldaten sind Mörder.» Bei dem Prozess sagte der verantwortliche Redakteur Carl von Ossietzky vor Gericht: «Es ist falsch, wenn man annimmt, dass es sich in dem Artikel um die Diffamierung eines Standes handelt, es handelt sich um die Diffamierung des Krieges.»

Und die hatte ihre Befürworter schon in der Antike. Bischoff Cyprian von Karthago schrieb um 240 den heutig klingenden Merksatz: «Der Mord ist ein Verbrechen, wenn ein einzelner ihn begeht; aber man ehrt ihn als Tugend und Tapferkeit, wenn ihn viele begehen. Also nicht mehr Unschuld sichert Straflosigkeit, sondern die Größe des Verbrechens.» Das kann man nach all den straflos gebliebenen Kriegsverbrechen nach den Nürnberger Prozessen zum Zweiten Weltkrieg nur empört bestätigen.

Ein Waffenstillstand wäre zumindest ein erster Schritt in Richtung Zivilisation, für ihn gilt das Gewaltverbot der UN-Charta. Zwar wird das nicht immer eingehalten, aber erfahrungsgemäß lassen die angesprochenen Menschenrechtsverletzungen während Waffenstillständen doch erheblich nach. Ein Stillstand ist noch kein Frieden. Gemäß seinem Wortstamm Pax – Vertrag, wären dann in Verhandlungen die Streitfragen zu lösen, die zum Ausbruch des Krieges geführt haben.

«Man fragt sich hier, warum die Briefschreiber uns die freie Bündniswahl absprechen? Sie halten Neutralität für die Ukraine für geboten, während sie selbst aus einem Nato-Land kommen.»

Die Frage aus Kiew weist in der Tat auf einen doppelten Standard hin. Die Nato war einst zum Abwehrkampf gegen die Sowjetunion gegründet worden, und ich kann für unsere Glaubwürdigkeit nur ins Feld führen, dass es viele von uns begrüßt hätten,

wenn mit der Auflösung des östlichen Militärbündnisses Warschauer Pakt auch die Existenzberechtigung der Nato unterge-
gangen wäre. Zugunsten einer europäischen Sicherheitsordnung unter Einbeziehung Russlands. Mit diesem Russland kein
Sicherheitssystem, heißt es jetzt, und auch wir stellen die Forderung: «Die Waffen nieder!» zuerst an die russische Seite. Es ist
fatal, dass die Putin-Administration Russland nicht über wirtschaftliche Modernisierung zur Großmacht führt, sondern über
Krieg. (Anders als China, zumindest bisher. Wie lange wird es
die westlichen Taiwan-Provokationen hinnehmen?) Der Westen
hat seine geopolitischen Ambitionen zumindest immer mit wirtschaftlicher Attraktivität verbunden. Der *american way of life* und
der europäische Wohlstand werden auf der ganzen Welt bewun-
dert. Weshalb aber die USA in Europa bei der völkerrechtlichen
und moralischen Überprüfung auf Eignung als Bündnispartner
für «Sicherheitssysteme» besser wegkommen als Russland oder
China, ist reine Machtlogik. Zum *american way* gehört, dass die
Vereinigten Staaten seit 1980 mehr als 15 Übersee-Kriege geführt
haben. China keinen und Russland einen, in Syrien, wo es sich
auf Beistand berufen konnte.

Die illegalen US-Überfälle hießen übrigens auch meist «Operation», nie «Krieg», hatten Bezeichnungen, die das Wording «Spe-
zialoperation» an Zynismus übertrafen. Der Vietnamkrieg, in
dem drei Millionen Vietnamesen und 58 000 amerikanische Soldaten getötet wurden, hieß «Operation Rolling Thunder», Don-
nergrollen. Das Bombardement vom Dezember 1972, in dem
mehr Bomben niedergingen als in den drei Jahren zuvor, lief
unter: «Weihnachtsbombardement». Der Angriffskrieg gegen
Serbien war die «Operation Allied Force», Unternehmen Bünd-
nisstreitmacht. Die illegale «Koalition der Willigen» im Golfkrieg
2003 wird bis heute als «Militäroperation der USA» bezeichnet.
Und der verhängnisvolle Krieg in Afghanistan war die «Operation Enduring Freedom», eine dauerhafte Freiheit, die es nie gab

und deshalb in eine wohl dauerhafte Taliban-Herrschaft geführt hat.

Der Ukraine-Krieg, der letztlich um den Nato-Anspruch ausgebrochen ist, das Land mit seiner 1586-Kilometer-Grenze zu Russland in ihr Militärbündnis zu holen, war gerade einen Monat alt, da demonstrierten die USA, was sie von der freien Bündniswahl halten. Die Inselgruppe der Salomonen, 13 000 km von Washington entfernt, wollte ein Sicherheitsabkommen mit China abschließen, das China vermutlich erlaubt, Militär zu stationieren und Schiffe zu betanken. Sofort wurden im US-Außenministerium «erhebliche Bedenken» geäußert und «entsprechende Reaktionen» angekündigt. Der Premierminister der Salomonen musste einer sofort angereisten US-Delegation versichern, dass China, wie die NZZ schrieb, «keine Militärstation, keine langfristige Präsenz» bekommt. Mit welchem Recht verlangen dies die USA mit ihren weltweit 800 Militärstützpunkten von China, das bisher drei hat? China reagierte gereizt gegenüber Washington und fragte, warum Russland kein Recht haben sollte, «sich dagegen zu wehren, dass an seiner Landesgrenze das gleiche ‹Verteidigungsbündnis› steht, das für die Bombardierung von Jugoslawien 1999 und Libyen 2011 verantwortlich war».

Die «regelbasierte internationale Ordnung» besteht darin, dass die USA die Regeln allein bestimmen. Amerika first. Der eigentliche Kriegsgrund ist der Unwille des erstarkten Russlands, sich das weiterhin bieten zu lassen. Napoleon, Erster und Zweiter Weltkrieg – das hat sich tief in die russische DNA eingeprägt und dürfte die Basis für die im Lande anhaltend große Unterstützung für den Krieg der Putin-Administration sein. Hierzulande sollte man vorsichtig sein, die aus vererbter Erfahrung mit dem deutschen Faschismus entstandene Entschlossenheit als Indoktrination durch russische Propaganda kleinzureden. Mit dem Wissen um diesen Rückhalt hat sich die russische Führung dem geopolitischen Großmachtkonflikt gestellt.

Dass sie für den Regelbruch bereit ist, Tausende eigene Soldaten zu opfern und womöglich Hunderttausende ukrainische Soldaten und Zivilisten, bleibt das Unfassbare und durch nichts zu Rechtfertigende. Gerade die Konkurrenz zwischen Großmächten ist an das Völkerrecht gebunden und darf ausschließlich in friedlichem Wettstreit um die besseren Lösungen ausgetragen werden. Die Welt befindet sich in einem Umbruch von der unipolaren Welt zu einer bi-, wenn nicht multipolaren. Der Krieg muss offenbar als blutiger Teil dieses Umbruchs gedeutet werden. Der Ukraine ist von allen Seiten die Rolle des Opfers zugedacht, weshalb ein schnellstmöglicher Waffenstillstand ihre einzige Rettung ist. Serhij Shadan bestätigt die Opfer und fragt:

«*Wiegt das Schicksal der Kinder, Frauen und Alten, die jetzt unter der Besatzung leben müssen, weniger schwer als der «rasante Preisanstieg» und der Energiemangel?*»

Ein berechtigter Verweis auf den Unterschied – dort geht es ums Überleben, hier ums Wohlleben. Das für viele immer unwohler wird. Man spricht, das ist auch Ukrainern nicht entgangen, in Europa und den USA inzwischen von *war fatigue*. Von Mitgefühlsmüdigkeit. In den Abendnachrichten dominieren nicht mehr Klagen ukrainischer Mütter und Großmütter, sondern deutsche Existenzängste. Sorgen, denen Politiker mehr oder meist weniger erfolgreich entgegenwirken. Auch die *New York Times* (19. 5. 22) lässt die Kriegsparteien wissen, dass für die US-Bürger die Inflation ein größeres Problem sei als die Ukraine. Sie empfiehlt der ukrainischen Regierung, ihre Entscheidungen auf eine realistische Einschätzung darüber zu stützen, wie viel Zerstörung sie noch verkraftet. Man möge nicht einem «illusorischen Sieg» hinterherjagen. Kippt die Stimmung?

Kündigen sich größere soziale Unruhen an, ein Wutwinter, für den vorsorglich schon allein der rechte Pöbel verantwortlich gemacht wird? Der wachsende Unmut richtet sich nicht gegen Solidarität mit der angegriffenen Ukraine, sondern gegen das immer offensichtlicher werdende Versagen der verwendeten Mittel. Die Sanktionen scheinen den russischen Gasmarkt geradezu belebt zu haben. Schließlich steigen die Gaspreise nicht erst seit dem Krieg, sondern seit Januar 2021. Deutschland hatte von Russland einen günstigeren Festpreis als alle anderen Staaten, die Konzerne konnten weit über den eigenen Bedarf importieren und machten noch bis unmittelbar vor dem Krieg einen Riesengewinn durch Weiterexport.

Unsere Abhängigkeit von Russland durch die längste Erdgastrasse der Welt ist erst durch die westlichen Sanktionen in Erpressbarkeit umgeschlagen. Bis dahin waren 50 Jahre lang sowohl die Sowjetunion wie auch der russische Staatskonzern Gazprom verlässliche Vertragspartner für große Teile Ost- und Westeuropas. Selbst seit Beginn des Ukraine-Krieges hat Russland laut der britischen Wochenzeitung *The Economist* fossile Energieträger im Wert von 85 Milliarden Dollar an die EU verkauft. Wo liegt da wohl die Moralgrenze – bei 100 Milliarden?

Nun sollen die einheimischen Verbraucher eine Gasumlage zahlen, damit sich der «wertebasierte» Gewinnausfall der privaten Unternehmen in Grenzen hält. Das hat mit Marktwirtschaft nichts mehr zu tun, das Primat einer kriegswirtschaftlichen Ideologie ist obszön. Derweil steht der Kurs des Rubels besser denn je. Wenn also unsere mit heimischem Energienotstand und ökologischen Rückschlägen verbundenen Strafmaßnahmen die Kriegskassen des Kreml eher füllen, die Energiekosten wie vorhergesagt explodieren, so steigern sich die Zweifel zu Zorn.

Auch wenn es einen durch Krieg und Klima beschleunigten Erkenntnisschub geben sollte, sich so schnell wie möglich von jeglicher fossiler Energie unabhängig zu machen, so bleibt unbestritten, dass Deutschland noch eine Weile vom russischen Gas abhängig sein wird, sollen Verwerfungen größten Ausmaßes in

Wirtschaft und Gesellschaft vermieden werden. Die Inbetriebnahme von Nord Stream 2 wurde erneut vom russischen Botschafter in Berlin, Sergej Netschajew, am 12. September in der Zeitung *Iswestija* angeboten: Die Pipeline sei bereit zur Nutzung, mit Gas gefüllt und technisch überprüft. So sind zunehmend kritische Stimmen zu hören, die fragen, ob es im eigenen Interesse nicht besser wäre, nicht nur die eine Turbine «sanktionskonform» an Russland zu liefern, sondern alle Strafmaßnahmen für technische Güter aufzuheben, mit denen wir uns selbst bestrafen, da sie einen Vorwand oder echten Grund für Drosselungen von Gaslieferungen bieten. Zumal die Ukraine, einer der wichtigsten Profiteure von russischem Gas, es sich nicht leisten kann, aus moralischen Gründen auf die russischen Transitgebühren von jährlich zwei Milliarden Dollar zu verzichten. Auch wir haben uns kleinlaut auf die russische Forderung eingelassen, einen Modus zu finden, mit dem Gazprom mit Rubeln bezahlt wird. (Ein Beispiel, dass auch während des Krieges Verhandlungen zu pragmatischen Ergebnissen führen, wie das Abkommen über die Weizenlieferung auch.)

Zusätzlich wird zu bedenken gegeben, ob es nicht sinnvoller wäre, eine der größten Investitionen in europäische Infrastruktur, die milliardenschwere, 1230 Kilometer lange Investruine auf dem Ostseeboden, in Betrieb zu nehmen, bis hinreichend grüne Energie zur Verfügung steht. Warum die Nutzung von Nord Stream 1 moralisch ist, die von Nord Stream 2 aber unmoralisch, bleibt das Geheimnis der Verantwortlichen. Gazprom hätte dann keinen Vorwand mehr, die Lieferungen zu begrenzen oder einzustellen. Die laufenden, für Deutschland besonders günstigen Verträge müssten eingehalten werden, was für Russland vermutlich lukrativere Geschäfte auf dem florierenden freien Markt einschränken würde.

Bei den gegenwärtigen Turbulenzen ist vieles möglich. Es könnte versucht werden, die Inbetriebnahme von Nord Stream 2 so zu verhandeln, dass sie eher ein Verlust für die russische Kriegskasse wäre. Denkbar, dass Putin und seine Betreiber sich wegen des Image-Gewinns darauf einlassen. Politiker hierzulande, die einen Notstand abwenden, hätten allerdings auch einen Imagegewinn. Und eines fernen Tages könnte die Umstellung der Pipeline auf grünen Wasserstoff ein erstes Friedensprojekt sein.

Doch so viel Kühnheit ist Verrat an den eigenen Dogmen. Vizekanzler Habeck am Tag der offenen Tür der Bundesregierung vom Volk darauf angesprochen, lehnte ein Nachdenken über Nord Stream 2 kategorisch ab, dies wäre «ein dramatischer politischer Fehlschlag, weil wir damit jedes Selbstbewusstsein, jede wertegeleitete Einstellung» mit Füßen treten würden. Damit würde man indirekt sagen, Putin habe recht. «Hat er aber nicht!» Wertegeleitet heißt, Rechthaberei ist wichtiger als ein wirtschaftliches Elend, das die Demokratie gefährdet. Selbstbewusstsein wäre gefragt gewesen bei der geopolitischen Einsicht, die Ukraine nur mit solchen Mitteln zu verteidigen, die den Westen nicht in eine dramatische Notlage führt, aus der heraus er kaum noch helfen kann. Unsere chaotische Energienot ist nicht das Resultat russischer Willkür, sondern Folge der westlichen Illusion, «wertebasierte» Glaubwürdigkeit mit inkonsequenten Strafmaßnahmen zu retten und Russland mit unserer Halbmoral zum Gehorsam zwingen zu können.

Dass sich die politische Elite blamiert, ist nichts Neues, aber diesmal zieht sie ihre Untergebenen in ein kolossales Desaster. Jetzt werden Bürger sanktioniert für das Versagen der von ihnen Gewählten. Niemand soll hungern, ohne zu frieren. Oder wie es Kurt Tucholsky 1931 empfahl: «Lerne lachen ohne zu weinen.» Ja hallo – ist es das, was ihr uns in diesem 21. Jahrhundert zu bieten habt? Der Krieg ist ein Drache mit sieben Köpfen und kein Siegfried weit und breit. «Wir wählen und zahlen euch nicht für eure Politiklosigkeit», warnt Wolfgang Fritz Haug zurecht in seinem Beitrag «Das Blut der anderen» (Das Argument 338/2022). Es fehle eine Sicherheitsordnung, wie sie der Westfälische Friede war, der nach 30 Jahren Krieg in fünfjährigen Friedensverhandlungen die widerstreitenden Interessen ausbalancierte. Inzwischen verfügbare künstliche Intelligenz könnte den Mangel an natürlicher ausgleichen und das Vorhaben wohl beschleunigen.

Jetzt sind Hausaufgaben zu machen. Man beschwört gern die unauflösbaren Spannungen zwischen Russland und Europa und übersieht dabei geflissentlich, dass allein der europäische Teil Russlands bis zum Ural mit 4 000 000 Quadratkilometern etwa gleich groß ist wie der ganze Rest von Europa. Eine europäische Sicherheitsordnung ohne Russland wäre eine Sicherheits*un*ordnung, wie sich zeigt. Hier sollten auch die Bürger Europas ein Wörtchen mitzureden haben. Wie kommen wir zu partizipativer Demokratie, wenn es um Krieg und Frieden geht? Verhandlungslösungen haben nur dann eine Chance, wenn sich die Einsicht durchsetzt, dass die eigenen Interessen besser friedlich erreichbar sind. Dass Präsident Selenskyj in einer frühen Phase angekündigt hat, Verhandlungsergebnisse einem Referendum unterziehen zu wollen, ist immerhin eine gute Idee.

Welche Ergebnisse wären denn überhaupt noch denkbar? Das Bittere ist, dass sie um die Punkte kreisen werden, die vor dem zerstörerischen Krieg auf dem Tisch lagen. Das Angebot, das im Dezember 2021 Washington unterbreitet wurde und das seither auf der Website des russischen Außenministeriums nachzulesen ist, wäre aus heutiger Sicht eines, mit dem die Ukraine hätte leben können. Die Einschränkungen betrafen eher die Nato als die Ukraine. Was damals von den USA prompt abgelehnt wurde, könnte einen Krieg später erstmals Beachtung finden.

Ein Ausgleich zwischen den die Weltherrschaft nicht loslassen wollenden USA und dem als Gefährder der Weltordnung angeklagten China käme darüber hinaus wahrlich einer Herkules-Aufgabe gleich. Hier hat nur ein handelndes Subjekt eine Chance – die UNO mit intensiviertem Friedensauftrag. Die Vollversammlung, die Gremien, der Generalsekretär. Möglichst unterstützt von einer starken Friedensbewegung. Stark würde voraussetzen: im Verbund mit den ökologischen und sozialen Bewegungen. Fridays for Future muss sich aus dem Abwesenheitsmodus Sunday for me endlich zurückmelden.

So weit darf es mit den fortschrittlichen Bewegungen nicht kommen, dass sie am Ende nur noch mit Papst Franziskus beten können: «Ich erneuere meinen Appell an diejenigen, die die Nationen regieren: Führt die Menschheit nicht in den Ruin. Bitte! Führt die Menschheit nicht in den Ruin!»

Wer bin ich, den *Regierten* zu sagen: Lasst euch nicht in den Ruin führen! Bitte! Lasst euch nicht in den Ruin führen.

Frieden muss gestiftet werden
Das Ende der Gewissheiten ist kein Ende der Orientierung an Normen

(*März 2022*) Der derzeitige Krieg, mit seinem Bedrohungspotential zu einem Weltbrand, ist auch eine schwere Niederlage für die Sehnsucht nach einer entmilitarisierten, naturgerechten Welt. Ohnmächtig hören und sehen wir die Verzweiflung der Menschen in der Ukraine, einem Land, in dem, ähnlich wie in Russland, die Traumata des Zweiten Weltkrieges und die Verbrechen der NS-Besatzung nachwirken.

Die russische Invasion in die Ukraine ist das schlimmste Verbrechen, das das Völkerrecht kennt. Niemand kann jetzt zur Tagesordnung übergehen, es gibt keine Tagesordnung mehr.

Erstmalig steht der Rechtsnachfolger der Sowjetunion, das kapitalistische Imperium Russland, dem kapitalistischen Imperium der Nato-Staaten in extremer Feindschaft gegenüber. Erstmalig scheint die Nato den besonneneren Part zu spielen – ob aus verspäteter Vernunft oder strategischer Ohnmacht sei dahingestellt. Selbst wenn die Waffen hoffentlich sehr bald schweigen, den darauffolgenden «Frieden» werden, bis auf die Rüstungsindustrie, alle verloren haben. Das kann auch nicht im Interesse der Russischen Föderation liegen – warum sehen das ihre Befehlsgeber nicht?

Doch die Fassungslosigkeit aller einst um Frieden und Verständigung Bemühten kommt zu spät – jetzt hat das Nichtzuhören, wenn es um russische Sicherheitsinteressen ging, so gut wie alle Kommunikationskanäle blockiert. Dabei handelten die Entspannungspolitiker einst sehr wohl im demokratischen Auftrag – noch im April 2018 hielten laut Forsa 94 Prozent der Deutschen gute Beziehungen zu Russland für wichtig. Krieg ist immer Versagen von Politik. Und wir sind für *unser* Versagen zuständig.

Wer es leid ist, dass sich Kriege wie ein *Perpetuum mobile* durch die Landschaft schieben, muss die Treibstoff-Mischung aus unerschöpflichem Schlafwandlertum und massiver Provokation analysieren. Denn dass dies kein «unprovozierter» Krieg ist, gehört zu den wenigen Gewissheiten. Wäre das unheilvolle Gefährt zu bremsen gewesen, wenn die richtungsändernden Kipppunkte nicht ignoriert worden wären?

Putin hat die westliche Friedensordnung angegriffen, heißt es nun allenthalben. Ein Angriff ist diese Aggression zweifellos, aber ebenso zweifellos hat es eine «westliche Friedensordnung» nie gegeben. Es macht ungehalten, auf das doch Offensichtliche verweisen zu müssen, nämlich, mit welch entlastender Geschichtsvergessenheit darüber hinweggegangen wird, wie seit dem Zweiten Weltkrieg die USA, ohne oder mit einer «Koalition der Willigen», eigenhändig oder durch das Aufrüsten der Konfliktparteien, ganze Regionen dieser Welt in Schutt und Asche gelegt oder zumindest nachhaltig destabilisiert haben.

Mit Opferzahlen, die, angefangen in Korea, Kambodscha, und Vietnam über Mittelamerika bis in den heutigen Nahen Osten, in die Millionen gehen. Ist selbst das jüngste Afghanistan-Debakel nicht mehr präsent genug, um im Westen mit Friedensbehauptungen umsichtiger und selbstkritischer umzugehen?

Die vermeintliche internationale Friedensordnung zeigt sich als eine Welt, in der der Profit aus der Rüstungsindustrie größer ist als das Einkommen der Hälfte der Weltbevölkerung. Ja, Autokraten setzen jetzt mühsam errungene, internationale Regeln außer Kraft. Aber zuvor haben Demokraten ebendiese Regeln außer Kraft gesetzt.

Gegen derartige Schlüsse wurde schon immer ein Denkverbot aufgeboten, wonach sich «Äquidistanz» nicht schicke. Ein Verbot, das neuerdings mit dem hippen, aber nicht weniger opportunistischen Whataboutismus ins Feld zieht. Die antiimperialistische Linke solle gefälligst aufhören, die Verbrechen der Autokraten durch die reflexhafte Frage abzumildern: What about die Vergehen der USA und der Nato?

Dabei geht es doch erwiesenermaßen nicht um Relativieren oder gar Rechtfertigen, sondern um die Verteidigung kausalen Denkens. Kein vorsätzlich gleichmacherischer Abstand, sondern Kontextualisierung, die zu seriöser Geschichtsschreibung gehört.

Wer Opfern helfen will, sollte die Genesis von Kriegen und Krisen zur Kenntnis nehmen, damit Geschichte sich nicht permanent wiederholt. Dabei wäre selbstkritisch anzumerken, dass der Fokus der deutschen Linken auf dem hochmütigen, ja demütigenden Verhalten des Westens gegenüber Russland lag, während das Zerriebenwerden der Ukraine zwischen den Großmächten weitgehend aus dem Blickfeld geriet.

1999, während des Nato-Krieges gegen das mit Russland durch Geschichte und Kultur verbündete Jugoslawien, sagte der SPD-Politiker Egon Bahr im Schweizer Radio:

«Ich weiß genau, dass Russland nicht so schwach bleiben wird, wie es im Augenblick ist. Wir können im Prinzip jetzt alles tun, was wir wollen, Russland kann es nicht verhindern. Aber ich warne davor, ein großes und stolzes Volk zu demütigen.»

Dennoch bekannte der russische Präsident zwei Jahre später im Bundestag durchaus selbstkritisch:

«Alle sind schuldig, vor allem wir Politiker.»

Wir hätten noch nicht gelernt, uns von den Stereotypen des Kalten Krieges zu befreien. Es fällt schwer, den Wladimir Putin von einst wiederzuerkennen, der etwa 2013 in der *New York Times* in einem Offenen Brief an das US-amerikanische Volk überzeugen wollte: «Gewalt hat sich als unwirksam und sinnlos erwiesen.» Wir müssten zurück zum Weg der zivilisierten, diplomatischen Vereinbarungen kommen.

Nichts legitimiert einen Angriffskrieg

Wie vereinbart sich der heutige Kriegswille mit den sehr privaten Erinnerungen Putins zum 70. Jahrestag des Endes des Zweiten Weltkrieges, die die *FAZ* druckte? Dort erzählt er, dass sein Vater Matrose in Sewastopol auf der Krim gewesen war und sich vor deutschen Truppen stundenlang im kalten Herbstmoor vergrub, nur durch ein Schilfrohr atmend, das feindliche Hundegekläff über ihm. Wie er später mit zerschossenem Bein auf Krücken in Leningrad nach Hause kam und sah, dass Sanitäter Leichen aus der Eingangstür trugen, darunter Putins Mutter. Wie ihm schien, als atme sie noch, wie er darauf bestand, sie zurück in die Wohnung zu bringen, sie tatsächlich gesund pflegte, während der kleine Bruder starb.

Was muss geschehen sein, dass der Modus des zu Bedenkengebens ins scheinbar Bedenkenlose umgestürzt ist? Nicht nur Jack Mattlock, einstiger US-Botschafter in Russland, macht jetzt den Vorwurf, dass es keine Grundlage für den Ukraine-Krieg gegeben hätte, wenn die Nato sich nicht nach Osten ausgedehnt oder wenn die Erweiterung im Einklang mit einer Sicherheitsarchitektur gestanden hätte, die Russland einschließt:

«Der Versuch, die Ukraine vom russischen Einfluss zu lösen – das erklärte Ziel derer, die für die ‹Farbrevolution› agierten –, war ein Narrenstreich, und ein gefährlicher.»

Ja, Russland hat allen Grund, sich verraten, bedroht und erbittert zu fühlen. Aber nochmals nein: Das legitimiert keinen Angriffskrieg, der die Kombattanten und die ganze Welt an den Abgrund führt.

Als besonders verdammenswert gilt jetzt, dass der Ukraine-Krieg erstmalig seit 80 Jahren wieder «mitten in Europa» Opfer kostet. Abgesehen von der fragwürdigen Hierarchisierung der Opfer-Tragik erstaunt auch hier die Amnesie: Der letzte Krieg «mitten in Europa» ist erst gut 20 Jahre her, der erste Krieg der Nato nach dem Zweiten Weltkrieg, ein Angriffskrieg ohne UN-Mandat, in Serbien. Russland wurde nicht einmal vorab informiert.

Das Ende der Idee gemeinsamer Sicherheit ist zuallererst durch dieses Ereignis verursacht worden. Wenn man sich der Mühe genauer Erinnerung unterzieht, dann erscheint es, als habe der Kreml jetzt den Nato-Angriffskrieg in seinen Methoden und besonders in seiner Propaganda eins zu eins kopiert.

Es erstaunt, wie sehr diese Duplizität heute bestenfalls in Nebensätzen abgetan wird. Deshalb sollen hier einige Hauptsätze nachgetragen werden. Sie führen nicht ins Abseits, sondern ins Zentrum von Kriegslogik.

Die Begründung für die Bombardierung Restjugoslawiens war genauso abwegig wie die, auf die Präsident Putin jetzt abgehoben hat: Verhinderung eines Genozids und Befreiung von Nazis. Diese Rechtfertigung war ebenso frei erfunden wie später die angeblichen Massenvernichtungswaffen im Irak – nur hat sie sich im Gegensatz zu dieser Desinformation im öffentlichen Bewusstsein weitgehend halten können.

Es gäbe nur einen legitimen Grund für die Bomben auf Jugoslawien, schrieb die *FAZ*, «die Verhinderung eines Völkermordes». Als die Chefanklägerin des Haager Tribunals, Carla del Ponte, wenig später gefragt wurde, weshalb dieser Anklagepunkt gegen die Regierung Milošević nicht erhoben wurde, musste sie zugeben: «Weil es keine Beweise dafür gibt.»

Damit war die angeblich einzige Legitimation des Bombardements einer europäischen Hauptstadt schon Wochen vor dessen Ende entfallen. Das war nicht überraschend, die Gräuel von Srebrenica lagen vier Jahre zurück. Zuvor hatten sich die Warnungen kompetenter US-Politiker, die Missachtung jugoslawischer Souveränität durch die Anerkennung von Separationen würde zu einem Bürgerkrieg führen, bewahrheitet. Doch nach Jahren brutaler Kämpfe und diplomatischer Bemühungen der Konfliktparteien waren die mit einseitigen Schuldzuweisungen nicht zu beschreibenden Gegner ermattet, der Bürgerkrieg flaute ab.

Schließlich wurde der Zweck des Krieges propagandistisch herabgestuft: Verhinderung von Massenvertreibung von Kosovo-Albanern durch die Serben. Aber auch das war eine völlige Verzerrung von Realität, ganz abgesehen davon, dass ein Eindämmen von Fluchtbewegungen durch Kriege ein verblüffendes Versprechen war.

Im Oktober 1998, Monate vor Kriegsbeginn, berichteten OSZE-Beobachter und Presse, dass Milošević seine Truppen und Polizei auf die vom Westen geforderten Obergrenzen aus dem Kosovo zurückgezogen hatte, dass Kampfhandlungen bis auf einzelne Feuergefechte, deren man sich gegenseitig beschuldigte, eingestellt wurden und Flüchtlinge zurückkehrten. Ein Urteil des Verwaltungsgerichts Baden-Württemberg vom 4. Februar 1999 bezog sich auf die Lageeinschätzung des Auswärtigen Amtes:

> «Die dem Senat vorliegenden Erkenntnisse stimmen darin überein, dass die zeitweilig befürchtete humanitäre Katastrophe für die albanische Zivilbevölkerung ... abgewendet werden konnte und dass sich seitdem sowohl die Sicherheitslage wie auch die Lebensbedingungen der albanischstämmigen Bevölkerung spürbar gebessert haben ... Namentlich in den größeren Städten verläuft das öffentliche Leben wieder in relativ normalen Bahnen.»

Lediglich etwa 2000 Flüchtlinge würden noch im Freien übernachten.

Erkenntnisse des Außenamtes zu Kosovo blieben unter Verschluss

Die Erkenntnisse des AA blieben unter Verschluss, wie auch Nato-Berichte, wonach die vom Westen aufgerüstete albanische UÇK mit neuen Attacken in das Vakuum stieß, das der Abzug der serbischen Truppen hinterlassen hatte.

Der Geheimdienstexperte Roger Faligot schrieb in der Zeitschrift *European*:

> «Sowohl der deutsche zivile als auch der militärische Geheimdienst sind damit befasst, albanische Terroristen auszubilden mit dem Ziel, den deutschen Einfluss auf dem Balkan zu zementieren.»

Das US State Department sprach am 17. März von einer serbischen Offensive gegen die neuen Terrorakte der UÇK, die aber hohe zivile Verluste vermeidet, um dem Westen nicht «die Option einer Militäraktion» zu geben. Als solche sollte auch das angebliche Massaker von Račak herhalten. Die finnische Leiterin der Untersuchungskommission, Ranta, sprach später in der ARD-Sendung *Monitor* von der Möglichkeit, dass die ganze Szene von der UÇK gestellt gewesen sei.

Das Haager Tribunal ließ den Anklagepunkt aus Mangel an Beweisen fallen. Die Bundeswehr meldete zwei Tage vor dem Krieg: «Tendenzen zu ethnischen Säuberungen sind weiterhin nicht zu erkennen.»

Die im Kosovo eingesetzte US-Diplomatin Norma Brown kannte die Lage: «Bis zum Beginn der Nato-Luftangriffe gab es

keine humanitäre Krise. Sicher, es gab humanitäre Probleme ...
Aber jeder wusste, dass es erst zu einer humanitären Krise kommen würde, wenn die Nato bombardiert.»[1]

Durchaus aussichtsreiche, diplomatische Lösungen wurden in Rambouillet durch westliche Maximalforderungen im geheim gehaltenen Annex B untergraben. Die Nato wollte diesen Krieg. Sie hat einseitig für die UÇK Partei ergriffen, was ihr die Chance bot, ihre neue Existenzberechtigung unter Beweis zu stellen und bei der Gelegenheit den letzten, vor allem nichtstalinistischen sozialistischen Staat in Europa zu zerschlagen.

Der Gründungsvater der Friedensforschung, Johan Galtung, nannte als wirklichen Kriegsgrund die Disziplinierung des «Fremdkörpers» Serbien als letztes mit Russland und China verbundenes Land in Europa, das sich der neoliberalen Globalisierung widersetzt. Egon Bahr hatte früh gewarnt: «Gerade, weil verhindert werden muss, dass Jugoslawien auf dem Gebiet der ehemaligen Sowjetunion Schule macht, müssen wir uns auf Grundfragen einer europäischen Ordnung konzentrieren.»

Doch Rot-Grün demonstrierte Bündnistreue. Zum dritten Mal im 20. Jahrhundert führte Deutschland einen Angriffskrieg gegen Serbien. Zur Begründung wurde neben Genozid als Zweites die Nazi-Karte gezogen, genau das Muster, nach dem nun auch Putin agiert.

Unter der Parole «Nie wieder Auschwitz» rechtfertigte der einst pazifistische Außenminister Joschka Fischer seine Zustimmung zum Krieg. Der Kanzler, Gerhard Schröder, sprach von «Deportationen», der Verteidigungsminister, Rudolf Scharping, von «Selektionen». Er brachte, unterlegt von gefälschten Fotos der US-PR-Agentur Ruder Finn, die Mär von «Konzentrations-

---

1 Aus: Jo Angerer, Mathias Werth: Es begann mit einer Lüge; ARD / WDR
  8.2.2001.

lagern» auf und schreckte nicht davor zurück, die «Ermordung der geistigen Elite» zu beklagen.

Die als ermordet gemeldeten Albaner tauchten alle wieder auf, aber da hatte der Krieg schon begonnen. Milošević war zum neuen Hitler erkoren. Die US-Agentur brüstete sich später mit ihrem «großartigen Coup», in der öffentlichen Meinung die Serben mit den Nazis gleichzusetzen. «Mit einem einzigen Schlag konnten wir die Story von den *good guys* und den *bad guys* präsentieren, die sich von ganz allein weiterspielte.»

Dieses «Spiel» hatte, wie der Bundestags-Drucksache 13/11470 zu entnehmen ist, auch sein eigenes *Wording*: Einsatz bewaffneter Streitkräfte zu begrenzten Luftoperationen. Lehrstoff für künftige Aggressoren. Zwar wurde, wer die Spezialoperationen «Krieg» nannte, wahrlich nicht mit Gefängnis bedroht. Aber die Massenmedien verzichteten von sich aus weitgehend darauf, die ganze Härte der Kriegsführung beim Namen zu nennen.

Viele Fakten sickerten nur tröpfchenweise oder nach Jahren durch. Sicher, es gab keine brutal belagerte und fast ausgelöschte Stadt wie Mariupol, das Hauptquartier der ukrainischen Armee im Donbass, wo auch große Teile des Bataillons Asow stationiert sind.

Doch den schrecklichen, nach ukrainischen Angaben 1800 Luftangriffen im ersten Monat des Krieges stehen in den 78 Tagen Nato-Krieg unvorstellbare 380 000 Luftangriffe gegenüber – hauptsächlich auf zivile Ziele in Serbien.[2]

1200 schwere Bomber und Jagdbomber waren beladen mit 9160 Tonnen Bomben – darunter 1100 Streubomben mit abgereichertem Uran, die jeweils 300 Splitter verschleuderten, deren Blindgänger bis heute Menschen töten.

---

2 Siehe: Götz Neuneck, Jürgen Scheffran: Die Grenzen technischer Kriegsführung. *Spektrum der Wissenschaft* 1/2000, S. 90. Auch: Spektrum.de

Drei Flugzeugträger und 20 weitere Schiffe unterstützten von der See her. Lasergesteuerte Grafitbomben schalteten die Stromversorgung in Serbien aus, legten Hospitäler, Tiefkühlhäuser, Kläranlagen und Wasserpumpen lahm.

Folgen der Nato-Bombardierung von Chemieanlagen

Am Anfang des Krieges hat die jugoslawische Regierung die Nato darauf aufmerksam gemacht, welche gesundheitlichen und ökologischen Katastrophen durch eine Bombardierung von Chemiebetrieben ausgelöst würden, und legte einen Plan der gefährlichsten Anlagen bei.

Zynischerweise haben die Befehlsgeber der «humanitären Intervention» den Plan als Zielvorgabe genutzt und danach bombardiert. Die so entstandenen Chemiewaffen kontaminierten Böden und Flüsse mit 3000 Tonnen Ätznatron, 800 Tonnen Salzsäure, 100 Tonnen Quecksilber und anderen Umweltgiften.

Heute wird ein potentieller Einsatz von Chemiewaffen als *Gamechanger* gehandelt – damals war niemand da, der eine solche rote Linie setzen konnte. Die Nato nannte 5000 getötete serbische Soldaten und 10 000 Verletzte, sie selbst, in großer Höhe operierend, hatte keine Opfer. Nach dem Krieg wurden mehr Menschen vertrieben als zuvor – 350 000, darunter viele Roma.

Traurige Bilanz nach Belgrader Angaben: Tod von einigen Tausend Zivilisten. Zerstörung von 235 Fabriken, was fast 30 Prozent der Erwerbstätigen arbeitslos machte. Zerstört wurden 61 Brücken, hunderte Schulen, Gesundheitseinrichtungen und öffentliche Gebäude, darunter das Innenministerium und die chinesische Botschaft, beschädigt wurden über 50 000 Wohnungen.

Auch 36 sakrale Orte, so 33 Glaskuppeln der Gedenkstätte in

Kragujevav, wo die Wehrmacht in einer «Sühneaktion» 4000 Bewohner erschossen hatte, darunter 300 Schüler. Beschädigt wurde auch die Skulptur mit der Aufschrift: Der Faschismus ist überwunden. (Heute hört man, die Holocaust-Gedenkstätte Babyn Jar sei von den Russen leicht getroffen worden.)

Dass sich all das nicht in unser Gedächtnis einbrennen konnte, hat einen einfachen Grund: Restlos zerstört wurde auch der Belgrader Fernsehsender, 16 tote und 30 verletzte Redakteure und Techniker wurden in dem ausgebrannten Gebäude geborgen.

Der Angriff sei notwendig geworden, so der damalige britische Premierminister Tony Blair in der *BBC*, weil westliche Sender die Aufnahmen von zivilen Opfern übernommen hätten.

> «Das ist eines der Probleme, wenn man in einer modernen Kommunikationsgesellschaft Krieg führt. Uns war klar, dass diese Bilder auftauchen und eine instinktive Sympathie für die Opfer bewirken würden.»

Als der Belgrader Sender *RTS* seine Tätigkeit aus einem Behelfsstudio wieder aufnahm, schaltete das europäische Satelliten-Konsortium auf deutsche Initiative das Signal des jugoslawischen Fernsehens ab. «Bilder von getöteten Zivilisten und verwüsteten Wohnhäusern», so meldete die *ARD*-Tagesschau am 27. Mai, «werden künftig nicht mehr zu sehen sein.»

Heute ermöglicht die permanente mediale Konfrontation mit den zu Herzen gehenden Leidensgeschichten von Kindern und Müttern, von Ausgebombten und Verwundeten nie dagewesene Empathie und bewundernswerte Hilfsbereitschaft, sie treibt Hunderttausende Demonstranten auf die Straße und zu spontanen Solidaritätsaktionen.

Solche erschütternden Opfergeschichten gab es «mitten in Europa» auch in Jugoslawien mehr als genug, doch wer versucht hat, eine davon genauer zu erzählen, wie ich nach einem Besuch in Belgrad, fand kaum Gehör.[3] Nach dem Krieg legte Amnesty International einen Bericht vor:

«Nato-Streitkräfte haben sich schwere Verstöße gegen das Kriegsrecht zuschulden kommen lassen. Dadurch haben sie unrechtmäßig Zivilisten getötet.»

Doch eine weltweite Solidaritätsbewegung hat es nicht gegeben. Kein Künstler aus einem Nato-Staat war gehalten, sich von diesem Angriffskrieg zu distanzieren.

Der *Spiegel* 17/99 erlaubte sich die Respektlosigkeit, sich vorzustellen, Schröder, Scharping und Fischer würden verhaftet.

«Die Bundesrepublik habe sich an einem Staatsverbrechen beteiligt, dem schwersten, das im deutschen Strafgesetz aufgeführt ist – einem Angriffskrieg von deutschem Boden aus. Darauf steht lebenslang.»

Doch das blieb ein keckes Gedankenspiel. Dass der den Weisungen des Justizministers unterstellte Generalbundesanwalt keine Ermittlungen aufnahm, überraschte nicht. Er begründete es damit, dass der Jugoslawien-Einsatz eine «dem Völkerfrieden dienende Intervention» dargestellt habe.

Die Vernachlässigung des Rechts zugunsten einer vermeintlichen Moral ist strukturell nichts anderes als die einst östliche Logik, die den Klassenstandpunkt im Ernstfall über das positive Recht gesetzt hat.

Die noch während des Krieges von Jugoslawien beim Internationalen Gerichtshof (IGH) in Den Haag eingereichte Klage gegen zehn Nato-Staaten, darunter Deutschland, wurde mit einem for-

---

3 Siehe u. a. Daniela Dahn: «Der Schnee von gestern ist die Sintflut von heute», Rowohlt 2020, S. 215 ff.

malen Trick abgewiesen. Klagen können nur UN-Mitglieder, ein Status, der Jugoslawien kurzerhand abgesprochen wurde, da es im Zerfall befindlich sei.

Als die UdSSR später zerfiel, war Russland als Mitglied des Sicherheitsrates zu gewichtig, um so mit ihm umspringen zu können. Auch die Auslegung von Völkerrecht ist eine Machtfrage. Nach dem Krieg hat sich kein Gericht der Welt für das den Serben zugefügte Leid zuständig gefühlt. Die am Krieg beteiligten Nato-Staaten haben nicht nur der Weltöffentlichkeit, sondern auch potentiellen Nachahmern demonstriert, wie man Einflusssphären gewinnt, ohne sich für die Folgen verantworten zu müssen.

Kipppunkte ins heutige Weltenchaos

Grenzen in Europa wurden versetzt. Die USA praktizierten im von Serbien und damit vom russischen Einfluss abgetrennten Kosovo die moderne Form der Annexion – ein vollkommen abhängiges Protektorat, in dem Camp Bondsteel, der weltweit größte ausländische US-Militärstützpunkt, sofort nach Kriegsende ungefragt errichtet wurde.

In Belgrad sagten die Experten, ohne Hilfe aus dem Ausland werde es 80 Jahre dauern, bis die Schäden in Serbien behoben sind. Dort erschwert bis heute die durch den Krieg ausgelöste Tragödie des Humanitären den Aufbau einer demokratischen Gesellschaft, vielmehr vollzieht sich ein von faschistischen Zügen geprägter Zerfallsprozess.

Im einstigen Jugoslawien übernahm eine westorientierte Elite und zog die bewährte Privatisierung der volkseigenen Restposten durch. Die serbischen Zeitungen gingen weitgehend an den deutschen *WAZ*-Konzern, heute *Funke-Mediengruppe*.

Der sogenannte Kosovo-Krieg ist im öffentlichen Bewusstsein

weder juristisch noch zeitgeschichtlich noch rechtsphilosophisch hinreichend aufgearbeitet. Man hat sich daran gewöhnt, in einem Land zu leben, das sich ungestraft an Angriffskriegen beteiligt.

Das war ganz sicher einer der Kipppunkte, der zu dem heutigen Chaos geführt hat. Nach dem Nato-Gipfel 2008 in Bukarest haben die USA die Ukraine nach und nach mit Waffenlieferungen und Nato-Manövern auf ukrainischem Territorium zu einem De-facto-Nato-Mitglied gemacht.

Das der kulturell gespaltenen Ukraine 2014 vom Westen auferlegte, zerstörerische Ultimatum, sich für Russland oder den Westen entscheiden zu müssen, zählt zu den weiteren Ursünden in diesem Konflikt, der schließlich in der Sezession der Krim durch Russland seine bedrohliche Fortsetzung fand.

In welcher Tonart die Nato mit Russland umsprang, zeigte sich immer wieder auf der Münchner Sicherheitskonferenz, wo etwa US-Senator Graham polterte: «2017 ist das Jahr, in dem wir Russland in den Hintern treten müssen.»

Schließlich wurde die Frage, ob ein «post-westliches Zeitalter» und ein «Wechsel zu einer neuen Weltordnung» bevorstünde, dort schon gestellt.

Letzter Kipppunkt waren die weitgehenden Forderungen für die Konfliktbeilegung, die seit Dezember vorigen Jahres auf der Website des russischen Außenministeriums für alle einsehbar waren, in Washington übergeben wurden und dort trotz bereits aufmarschierter Truppen keine substanzielle Antwort fanden.

Der Blick auf diese Vorgeschichte bestärkt die Annahme, dass der Krieg bei achtsamerer Politik zu verhindern gewesen wäre. Heute destabilisiert Russlands erbarmungslose Kriegsführung ganz Europa und mit der unverantwortlichen Atom-Drohung womöglich gar den sowieso löchrigen Weltfrieden. Dieser Krieg fällt zurück auf die Machtmethoden voriger Jahrhunderte.

Die Hochrüstungs-Antwort des plötzlich zusammengerückten

Westens allerdings nicht minder. Kriege und Rüstungsproduktion sind mit Abstand der größte Umweltverschmutzer, selbst im «Friedensmodus» ist das Militär der größte Emittent von Klimagasen.[4]

Zum Schutz vor Umweltkatastrophen ist daher der beschleunigte Einstieg in erneuerbare Energien nur zweitrangig, erstrangig ist vielmehr der sofortige Ausstieg aus Rüstung und allen militärischen Aktivitäten. Der jüngste Bericht des Weltklimarats IPPC macht deutlich: Die Klimakatastrophe wird höchstwahrscheinlich zur größten Massenvernichtungswaffe – ein Genozid bisher nicht gekannten Ausmaßes. Jede zusätzliche Rakete katapultiert uns schneller ins Verderben.

Die jährlich über eine Billion US-Dollar Nato-Rüstung hat auch diesen Krieg nicht verhindern können. Ab wie viel Billionen glaubt das Militär tatsächlich Sicherheit garantieren zu können? Kanzler Scholz hat in einsamer Entscheidung einen «Sonderfonds» von 100 Milliarden Euro für die Bundeswehr proklamiert. Leider gibt es dafür keine «Sonder-Steuerzahler».

Aber die überraschten Bundestagsabgeordneten der großen Mitte sprangen begeistert auf und klatschen ihr JA. Bedrückende historische Analogien drängten sich auf.

Humanistische Anliegen dürfen gerade jetzt nicht dem Gefühl der Vergeblichkeit geopfert werden. Das Ende von Gewissheiten ist nicht das Ende von Orientierung an Normen. Es gelten das Völkerrecht und die UN-Charta, und zwar für alle. Westliche Werte verteidigt man am besten, indem man sie selbst einhält. Wer sich nicht der Rechtsprechung des IGH unterworfen hat, dürfte überhaupt keine Waffe in die Hand nehmen.

So illusorisch das im Moment klingen mag – gerade in der Kriegsfrage müsste der Verfassungsgrundsatz gelten, wonach

---

4 Siehe: Klaus Moegling: Militär und Krieg als Klimakiller. www.ziviler-friedensdienst.org

alle Gewalt vom Volke auszugehen hat. Denn das hat allen Schlamassel abzubüßen. Schon Immanuel Kant hat in seiner Schrift «Zum ewigen Frieden» gefordert, dass die Beistimmung der Staatsbürger beschließen möge, «ob Krieg sein solle oder nicht». Denn da sie selbst «die Verwüstung, die er hinter sich lässt, kümmerlich zu verbessern» haben, würden sie sich sehr bedenken, «ein so schlimmes Spiel anzufangen».

Ausgerechnet General Dwight D. Eisenhower, der vor seiner Zeit als US-Präsident auch Oberkommandierender der Nato in Europa war, kam 1961 in seiner Abschiedsrede zu dem Fazit:

«Wir in den Institutionen der Regierung müssen uns vor unbefugtem Einfluss durch den militärisch-industriellen Komplex schützen ... Wir sollten nichts als gegeben hinnehmen. Nur wachsame und informierte Bürger können das angemessene Vernetzen der gigantischen industriellen und militärischen Verteidigungsmaschinerie mit unseren friedlichen Methoden und Zielen erzwingen.»

Also erzwingen wir, dass zeitgemäße Friedenspolitik nicht einsamen Entscheidungen unumschränkter Machthaber ausgeliefert sein darf. Nur zivile Logik kann das Überleben der Gattung wahrscheinlicher machen. Wir sind verdammt, uns zu vertragen, und das geschieht uns recht.

Handke allein im Krieg
Das unaufgearbeitete Geschichtsbild des Krieges auf dem Balkan

Die erbitterte Zuweisung von Schuld im Nato-Krieg gegen Restjugoslawien war der heutigen im Ukraine-Krieg in vielem ähnlich. Auch damals war dem großen Krieg ein Bürgerkrieg von Separatisten vorausgegangen. Neben den militärischen Attacken liefen Sanktionen. So hatte Kroatien die Ölzufuhr nach Serbien unterbrochen und in den Kasernen der Bundesarmee die Strom- und Wasserversorgung eingestellt. Der damalige deutsche Außenminister Genscher war Vorreiter in der bedenkenlosen Anerkennung der Separation von Kroatien, Slowenien und Bosnien / Herzegowina, auch wenn er dafür zunächst scharfe Kritik erfuhr. UN-Generalsekretär Pérez de Cuéllar warnte, eine verfrühte Anerkennung könne «eine explosive Situation hervorrufen», und der EG-Ratsvorsitzende Hans van den Broek befand, Genscher provoziere mit seiner Zusage gewaltsame Auseinandersetzungen.

Diese traten prompt ein, und ein Staat nach dem anderen sah jetzt Befriedung nur in Anerkennung der Separation, obwohl das weder der jugoslawischen Verfassung entsprach noch Referenden stattgefunden hatten. Auch die Ukraine stimmte diesen Separationen zu.

Damals galt ebenso ein strenges Gut-Böse-Schema. Wer versuchte, den zum Hitler erkorenen Milošević etwas differenzierter zu sehen, wurde zum Paria, wie heute die als «Putin-Versteher» Diffamierten. Das traf besonders Peter Handke, der vergeblich versuchte, auch die Rolle der Serben im Kontext zu sehen.

Niemand außer ihm, Eckart Spoo und mir hatte es zum Beispiel gewagt, die irre Geschichte von Dragoljub Milanović zu erzählen, dem Lyriker, der als serbischer Fernsehdirektor, nachdem in Belgrad ein US-freundliches Regime installiert war, zu neun Jahren und sechs Monaten ohne Bewährung verurteilt wurde. Nicht etwa wegen des Inhalts der Sendungen, sondern weil er als Einziger verantwortlich gemacht wurde für die 16 Toten, die bei der gezielten Bombardierung des Senders durch die Nato zu beklagen waren. Er hätte wissen müssen, dass die Nato trotz gegenteiliger Beteuerungen bombardiert, und daher zum Schutz der Kollegen den Sendebetrieb einstellen müssen.[1] Auch die deutschen PEN-Vertreter von *Writers in Prison* lehnten es damals ab, sich für ihren inhaftierten Kollegen einzusetzen.

Als Peter Handke den Nobelpreis erhielt, wurden die Anfeindungen noch einmal hochgekocht.

———

(Dezember 2019) Die bisweilen hasserfüllte Debatte um Peter Handke hat vor allem eins offenbart: das unaufgearbeitete Geschichtsbild des vermeidbar gewesenen Krieges auf dem Balkan. Handkes einsame Parteinahme für einen Fortbestand Jugoslawiens und einen gerechten Umgang mit den als «Tätervolk» denunzierten Serben hat aufgestaute Emotionen aufwallen lassen. Aggressionen, die der demütigende Kotau vor einem politisch motivierten Trugbild auslöst. Die angeblichen Gründe, die das Bombardieren rechtfertigen sollten, waren genauso erlogen wie später die behaupteten Massenvernichtungswaffen im Irak. Dennoch ist es den Verantwortlichen gelungen, diesen Krieg ohne UN-Mandat, der völkerrechtlich ein Angriffskrieg war, als

---

1 Siehe dazu ausführlich Daniela Dahn: «Wehe dem Sieger», Rowohlt 2009, S. 220 ff.

gerechten, ja berechtigten Krieg in die jüngste Historie eingehen zu lassen. Als einen Krieg, in dem, verkürzt gesagt, die nach Freiheit strebenden Teile des zerfallenden Jugoslawiens vor den nationalistischen, völkermordenden Serben und ihrem Despoten Milošević geschützt werden mussten. Und die meisten Juristen und Intellektuellen haben sich dieses Zerrbild gefallen lassen.

Da hat Handke gestört, weniger mit seinen ganz ihm eigenen Antworten als mit seinen Fragen vor Ort und vor dem Weltgewissen. Fragen, die all die vermeintlich Einsichtigen unterlassen hatten. Seine publizistische Hinrichtung erfolgte damals vor journalistischen Standgerichten und wurde nun unter nobler Beleuchtung zum zweiten Mal exekutiert.

Derweil hatten sich die Gründe für Fragen nicht erledigt: Jugoslawien stand auch Anfang der 90er Jahre noch für den Versuch eines dritten Weges, der dann schneller zerbombt war als analysiert. Es gehe, so zitierte die *Zeit* am 8. März 1996 einen Mitarbeiter des Auswärtigen Amtes, um den Kampf der Marktwirtschaft gegen die Kommandowirtschaft. (Also um die Systemfrage.) «Wir sollten uns deshalb Veränderungen der heute bestehenden Grenzen im östlichen Europa nicht kategorisch entgegenstellen.»

Als Beleg für Miloševićs nationalistisches Streben nach einem Großserbien galt ab sofort seine Rede im Juni 1989 auf dem Amselfeld, aus der nun abschreckende Zitate kursierten. Nach dem Krieg hat der Ermittler Greg Ehrlich eine US-Regierungsniederschrift der Rede veröffentlicht, die alle jene Zitate als frei erfunden auswies. Dafür enthielt sie nun die weggelassenen Passagen, in denen es um die notwendige Verständigung zwischen den Völkern ging. Plötzlich klang die Rede recht vernünftig, interessierte aber niemanden mehr.

Noch bevor der Bürgerkrieg ausbrach, plädierten im Bundestag Abgeordnete aller Fraktionen (außer der PDS) für eine schnelle Anerkennung Kroatiens und Sloweniens und damit für den Zerfall Jugoslawiens. Keiner von ihnen fragte, ob derartige Abspaltungen ohne Referendum von der jugoslawischen Verfassung vorgesehen seien. Das Selbstbestimmungsrecht der schon unter Hitler verbündeten, katholischen Kroaten wurde anerkannt, nicht aber das der damals zur Vernichtung im KZ Jasenovac freigegebenen, orthodoxen Krajina-Serben, die jetzt ebenfalls autonomes Gebiet beanspruchten. Erst nach diesen Signalen doppelten Standards ging die jugoslawische Bundesarmee äußerst gewaltsam gegen die Abtrünnigen vor, zunächst in Dubrovnik, dann in Vukovar. Der Präsident der Teilrepublik Bosnien-Herzegowina, Izetbegović, warnte, sein Land werde in den Bürgerkrieg hineingezogen, wenn die EU die Abspaltungen anerkenne. Doch Ende 1991 erfüllte der damalige Außenminister Genscher als europäischer Vorreiter Slowenien und Kroatien den Wunsch.

Absehbar folgte die Unabhängigkeitserklärung Bosnien-Herzegowinas, die der Westen 1992 ebenfalls schnell anerkannte. Zwei Tage später begann die erbarmungslose Belagerung Sarajevos durch serbische Truppen. Im Süden Europas setzten nicht mehr für möglich gehaltene Vertreibungen und Morde der so neu verfeindeten Volksgruppen ein. Die CIA verbreitete, dass 70 Prozent der Kriegsverbrechen von Serben ausgegangen seien. Die Nato ergriff einseitig Partei und bombardierte militärische Ziele und Infrastruktur der bosnischen Serben.

Der angeheizte Bürgerkrieg gipfelte schließlich in den Massakern von Srebrenica. Wo immer die Mütter der Opfer heute demonstrieren, steht alles Recht der Welt auf der Seite ihres Schmerzes. Wer immer was davon erzählt, ihre Söhne erweckt keine Deutung zum Leben. Allerdings sollte auch niemand den Eindruck erwecken, sie seien durch dichterisches Erzählen umgekommen. Und verschweigen, dass die Ermittlungen, einschließlich derer in Den Haag, immer noch umstritten sind. Philip Corwin, höchster UN-Vertreter in Bosnien bis 1995, schrieb in seinem Buch «Dubious Mandate»:

«Was in Srebrenica geschah, war nicht ein einziges, großes Massaker von Serben an Moslems, sondern eine Serie von sehr blutigen Angriffen und Gegenangriffen über eine Zeitspanne von drei Jahren, die im Juli 1995 ihren Höhepunkt erreichte.»

Der US-Medienanalyst Edward S. Herman sprach davon, dass die einseitige Schuldzuschreibung des ‹Massakers von Srebrenica› «der größte Propagandatriumph» sei, der aus den Balkankriegen hervorgegangen ist.

Für eine Gleichschaltung der öffentlichen Meinung war gesorgt. Die Buchautoren Mira Beham und Jörg Becker haben 31 PR-Agenturen erfasst, die für alle nichtserbischen Kriegsparteien tätig waren. Allein Kroatien zahlte mehr als fünf Millionen Dollar an US-Agenturen. Propaganda-Ziele waren: Darstellung der Serben als Unterdrücker und Aggressoren, wobei sie mit den Nazis gleichzusetzen und entsprechend emotional geladene Begriffe zu etablieren sind; Darstellung der Kroaten und Bosnier als unschuldige Opfer, wobei die Eroberung der serbischen Krajina als legal hinzustellen ist; Völkermordanklage gegen Jugoslawien und Milošević in Den Haag, günstige Verhandlungsergebnisse für die albanische Seite in Rambouillet und Sezession Montenegros.

Besonders hervorgetan hat sich die PR-Agentur Ruder Finn aus Washington, D. C. Ihr Direktor James Harff prahlte im französischen Fernsehen, wie professionell sie einen Artikel aus dem *New York Newsday* über serbische Lager aufgegriffen hätte:

«Es gehört nicht zu unserer Arbeit, den Wahrheitsgehalt von Informationen zu prüfen. Unsere Aufgabe ist es, uns dienliche Informationen schneller zu verbreiten. Wir überlisteten drei große jüdische Organisationen und schlugen vor, dass diese eine Annonce in der *New York Times* veröffentlichen und eine Demonstration vor der UNO organisieren. Das war ein großartiger Coup. Als die jüdischen Organisationen in das Spiel auf Seiten der muslimischen Bosnier eingriffen, konnten wir sofort in der öffentlichen Meinung die Serben mit den Nazis gleichsetzen. *Niemand verstand, was in Jugoslawien los war.* Mit einem einzigen Schlag konnten wir die einfache Story von den guten und den bösen Jungs präsentieren, die sich ganz von allein weiterspielte. Niemand konnte sich mehr dagegen wenden, ohne des Revisionismus angeklagt zu werden. Wir hatten hundert Prozent Erfolg.»

Durch derartige Manipulationen versteht bis heute so gut wie niemand, was in Jugoslawien los war. Wer auch nur den Hauch einer Ahnung haben wollte, musste sich schon selbst auf den Weg machen. Er habe in das Land der «allgemein so genannten ‹Aggressoren›» wollen, schrieb Peter Handke in der «winterlichen Reise», weil es ihm am wenigsten bekannt war und am meisten betroffen von den «*Ver*spiegelungen» der Medien. Am Anfang war er als zweifelnder Augenzeuge allein im Krieg. «Wer war der erste Aggressor?», fragte er eigenwillig. Zum Glück gibt es so etwas noch, eigener Wille. Viele waren es nicht, die später folgten, ohne Dienstauftrag und Reisekostenabrechnung. Allen voran Eckart Spoo, der Gründer der Zeitung *Ossietzky*.

Eins wurde klar: So grausam die Kämpfe in Srebrenica in jedem Fall waren, sie hatten keinen ursächlichen Zusammenhang mit dem vier Jahre später geführten Krieg um die Abtrennung des Kosovo. Dazwischen lag das Friedensabkommen von Dayton, das im November 1995 den Bosnien-Krieg beilegte. Doch war die Zerschlagung Jugoslawiens noch nicht vollendet. Seit Entstehen der kosovarischen UÇK 1996 wurde diese Kampfgruppe eng vom BND betreut, der eine seiner größten Regionalvertretungen in Tirana einrichtete. Nein, ganz allein stand Handke nicht. So sendete das ARD-Magazin *Monitor* am 9. Juni 1998 ein Interview mit einem MAD-Mitarbeiter, der die Lieferung von Waffen im Wert von zwei Millionen Mark an die Albaner als «von ganz oben» erwünscht bezeichnete. Trotz des UN-Waffenembargos rüsteten auch die USA die albanische UÇK mit illegal nächtlich eingeflogenen Waffen auf.

Ein Bericht des Auswärtigen Amtes vom November 1998 erklärte den Konflikt nachträglich so: Seit Ende 1995 wurden mindestens 200 000 serbische Vertriebene aus Kroatien und Bosnien auf Jugoslawien verteilt, 10 000 auch im Kosovo, weniger als anderswo. Dies werteten die Kosovo-Albaner in ihren Medien als erneuten Versuch der Kolonialisierung. Seit April 1998 häuften sich Anschläge der UÇK auf Polizeistationen. Da mancherorts die Polizei floh und auch Verwaltungsämter und Post ihre Arbeit einstellten, konnten die Freischärler die dortige serbische Zivilbevölkerung angreifen und «befreite Gebiete» ausrufen. Erst da begannen die jugoslawische Armee und paramilitärische Einheiten mit exzessiver Gewalt zurückzuschlagen. «Politisch aktive albanische Volkszugehörige werden nicht wegen ihrer ethnischen Zugehörigkeit, sondern als ‹Separatisten› verfolgt», so der Bericht.

OSZE-Beobachter vor Ort bestätigten: Ende 1998 habe es keine größeren Kämpfe zwischen den Parteien mehr gegeben, sondern einzelne Überfälle und Feuergefechte, für die man sich gegenseitig verantwortlich machte. Eindeutig auch die im Kosovo eingesetzte US-Diplomatin Norma Brown: «Jeder wusste, dass es erst zu einer humanitären Krise kommen würde, wenn die Nato bombardiert.»

Und es war keine «unbestreitbare Tatsache, dass die Belgrader Führung, und nur sie, die diplomatischen Bemühungen hat scheitern lassen», wie Kanzler Schröder den Abbruch der Friedensgespräche im März 1999 in Rambouillet kommentierte. Dem politischen Teil des Abkommens hatte Milošević im Gegensatz zu den Kosovaren zugestimmt. Woraufhin der serbischen Seite in letzter Minute als unverhandelbares Diktat die militärische

Nato-Besatzung ganz Jugoslawiens vorgelegt wurde. Nie durfte hierzulande auch nur ein erklärender Satz des «Despoten» zu hören sein. «Es war unvorstellbar für uns», sagte Milošević in einem *UPI*-Interview vom 30. April 1999, «dass unsere Ablehnung des Teils des Abkommens, über den mit uns nicht einmal verhandelt worden war, als Ausrede benutzt würde, um uns zu bombardieren.»

In dem Interview räumte er auch Verfehlungen ein: «Wir sind keine Engel. Aber wir sind auch nicht die Teufel, die zu sein ihr uns auserkoren habt. Unsere regulären Streitkräfte sind überaus diszipliniert. Anders verhält es sich mit den irregulären paramilitärischen Einheiten. Es sind schlimme Dinge passiert. Wir haben solche irregulären, selbsternannten Führer verhaftet. Einige von ihnen sind bereits angeklagt und zu 20 Jahren Gefängnis verurteilt worden.»

Mit Sicherheit ist es längst nicht immer so rechtsstaatlich zugegangen. Milošević wollte die staatliche Unabhängigkeit des Kosovo um jeden Preis vermeiden. Also mit Gewalt. Aber nicht mit Völkermord. Dieser ihm (und Handke gleich mit) auch in der jüngsten Debatte mit nicht weiter zu erklärender Selbstverständlichkeit zur Last gelegte Vorwurf ist falsch. Die noch während des Krieges veröffentlichte Anklageschrift des Haager Tribunals legte der Regierung unter Slobodan Milošević zum Ärger so mancher Politiker keinen Völkermord zur Last, weil es keine Beweise dafür gab.

Die Mahnung des damaligen UN-Generalsekretärs Kofi Annan, Serben und Albaner trügen gleichermaßen Verantwortung für den Konflikt, wurde in den Wind geschlagen. Die UNO war entmachtet. Die Nato fungierte als Luftwaffe der UÇK. Achtundsiebzig Tage lang wurde eine europäische Hauptstadt und das zugehörige Restland mit «Luftschlägen» traktiert. Dann war das Kosovo abgetrennt.

Doch das Kriegsziel, Milošević zu stürzen, war nicht erreicht.

Nach diesem Angriffskrieg scharten sich die national gesinnten Serben um ihren Präsidenten. Aus der Wahl im Herbst 2000 ging er als unangefochtener Sieger hervor. Was für ein hinterfragenswerter Vorgang für Autoren und Historiker. Der Sturz begann wenige Tage darauf nach dem gut vorbereiteten Drehbuch der Nichtregierungsorganisation Otpor (Widerstand). Aus dem ganzen Land trafen Anhänger der Opposition in Belgrad ein, um «sich dem großen Stimmenraub zu widersetzen, den die Bundeswahlkommission auf Anordnung Slobodan Miloševićs begangen hat». Die aufgebrachte Menge zündete das Parlament an, und die Polizei lief zu ihr über. Noch am selben Abend wandte sich der von der damaligen US-Außenministerin Albright und ihrem deutschen Kollegen Fischer vorausgesuchte Vojislav Koštunica als neuer Präsident über das Fernsehen an die Bürger.

Milošević wurde verhaftet. Die Beweisaufnahme in seinem Prozess dauerte vier Jahre. Vierzig Stunden vor deren Ende ist er (vermutlich wegen der Einnahme falscher Tabletten) gestorben. Der britische Chefankläger Geoffrey Nice schien erleichtert: «Das Ende der Verhandlungen wäre eine Katastrophe geworden. Ein Urteil, das keinen Bestand gehabt hätte», hieß es in der von *Arte* ausgestrahlten Dokumentation: «Milošević». Auf einen Abschlussbericht des Gerichts wartete man vergeblich.

Auch auf das Urteil gegen die Wahlkommission, die Milošević zum Sieger erklärt hatte. Viele hundert Zeugen wurden sieben Jahre lang vernommen. In dieser Zeit wurden vier Richter ausgetauscht, da sie nicht bereit waren, ohne Beweise einen Schuldspruch zu fällen. Im Februar 2008 erging schließlich ein rechtskräftiges Urteil gegen alle Mitglieder der Wahlkommission, wie mir Juristen in Belgrad berichteten. Freispruch. Fälschung der Wahl vom 24. September 2000 war nicht nachzuweisen. Die war nach überstandenem Angriffskrieg zum Sieg auch nicht nötig. Milošević ist nicht als Diktator gestorben, sondern als demokratisch gewählter Präsident. Das ist noch kein Qualitätsmerkmal, wie man weiß. Ein Mann, der Unrecht getan hat und dem Unrecht getan wurde. Ein Geschehen von wohl shakespeareschen Dimensionen.

Eigentlich ein Pflichtprogramm für jeden Dramatiker. Doch das bis heute toxische Feindbild hat ein Kontaktverbot hinterlassen. Solch «Schlächter vom Balkan» ist des Zuredens und Zuhörens nicht wert. Daran haben sich bis auf Handke unabgesprochen alle deutschsprachigen Literaten und Journalisten gehalten. Die Vermutung, dass da etwas zu verstehen sein könnte, galt schon als Verrat. An der wortlos vereinbarten *Ver*spiegelung. Ein Verrat, der mit Hass bestraft wird. Und dem nicht minder zerstörerischen Selbsthass.

Krieg – ein Jahrhundertfehler
Egon Bahr zum 100. Geburtstag. Ist sein Erbe noch gefragt?

(März 2022) Mit 93 Jahren hielt Egon Bahr seine letzte Rede, drei Wochen vor seinem Tod. Kein Zufall: in Moskau. Der Vordenker sozialdemokratischer Entspannungspolitik zwischen Ost und West fragte darin, ob die Ostpolitik der 60er Jahre wiederholbar sei. Viele Konflikte seien konstant geblieben, aber neue hinzugekommen, die für ein Bündnis beider Seiten sprächen. «Niemand nähme einen Schaden, wenn die Situation auf der Krim respektiert wird, ohne zeitliche Begrenzung.» Man müsse «die Hand am Puls des Anderen halten», um Überraschungen und Missverständnisse zu vermeiden. Eine neue Entspannungspolitik sei sowohl wegen unserer schmerzhaften Geschichte wie auch im wohlverstandenen Eigeninteresse das Gebot der Stunde. Egon Bahr wollte auf einen Zustand hinwirken, in dem Europa mit Russland, unter Mitwirkung der USA, zu einem attraktiven Kontinent des stabilen Friedens in einer interpolaren Welt wird. «Das ist mein Traum.»

Was hätte Egon Bahr zur Invasion russischer Truppen in die Ukraine gesagt? Man muss der Versuchung widerstehen, ihm nun Worte in den Mund zu legen, es empfiehlt sich, bei den vielseitigen Äußerungen zu bleiben, die er hinterlassen hat. Der langjährige Direktor des Hamburger Instituts für Friedensforschung wollte das Recht des Stärkeren in die Stärke des Rechts verwandelt sehen, jeder kriegerische Einsatz ohne UN-Mandat war ihm ein gegen das Völkerrecht verstoßender Aggressionskrieg, wie damals der Nato-Krieg gegen Restjugoslawien. «Alle erkennbaren Probleme, denen sich die Welt gegenübersieht, sind nicht militärisch lösbar», hat er in seinem Buch «Ostwärts und nichts vergessen» beschworen. Er hätte vermutlich genauso wie wir Heutigen den Krieg in der Ukraine scharf verurteilt und zutiefst bedauert, auch weil man in dem Leid aller Beteiligten und der sinnlosen Zerstörung keine Wahrung russischer Interessen erkennen kann. Dieser Krieg löscht neben vielen Hoffnungen auch alle einstigen Erfolge der Entspannungspolitik aus.

Schon heißt es, man müsse Abschied nehmen von der Sehnsucht nach einer entmilitarisierten Welt. Sicherheit in Europa müsse nun *gegen* Russland durchgesetzt werden, eine Erwägung, die Bahr immer für ausgeschlossen hielt. Wandel durch Annäherung – sein berühmtes Motto – alles nur noch Folklore. Mit seiner berühmten Tutzinger Rede hatte Egon Bahr schon 1963 den Grundstein für ein Umdenken gelegt. Die bisherige Politik des Drucks und Gegendrucks habe nur zur Erstarrung der Beziehungen geführt, wolle man eine Öffnung, scheide «die Politik des Alles oder Nichts» aus. Mit der Forderung, auch die Interessen der anderen Seite berücksichtigen zu müssen, berief er sich auf Kennedy. Diese Haltung sei «rasend unbequem», aber alternativlos.

Heute stellt sich die Frage, ob die an Entspannung Interessierten zu viel auf Brandt und Bahr gehört haben, oder eher zu wenig. Der Westen hatte die Chance, etwa den Sowjets für ihren gutwilligen und politisch bedingungslosen Truppenabzug aus ganz Osteuropa mit einem Friedenskonzept unter Einbeziehung Russlands zu danken. Als der Starke hätte der Westen die Verantwortung für ein solches Angebot übernehmen müssen. Dass er stattdessen auf Konfrontation durch Aufrüstung und Nato-Osterweiterung setzte, hat Bahr als einen Jahrhundertfehler bezeichnet. Er hätte es begrüßt, wenn sich das Bündnis aufgelöst und als gesamteuropäisches Sicherheitssystem neuformiert hätte. Damit war er in der SPD nicht allein.

In jenem Buch zitierte er Helmut Schmidt: «Das könnte den Amerikanern so passen, wenn durch eine weitere Ausweitung der Nato die Spannungen zu Russland zunehmen und damit

Europa schutzbedürftiger wird. Die Nato gehört nicht Amerika.»
Sehr wahrscheinlich würde Egon Bahr heute zu den verbliebenen unabhängigen Denkern gehören, die sagen, dass es nicht
zu diesem Krieg gekommen wäre, wenn die Nato sich nicht wie
ein Rollkommando nach Osten ausgedehnt hätte. Auch Noam
Chomsky sieht dieses schwere Kriegsverbrechen von der Vorgeschichte provoziert[1], wie sein berühmt gewordener Kollege John
Mearsheimer, der die USA verantwortlich macht, die Ukraine in
ein De-facto-Mitglied der Nato verwandelt zu haben.[2] Sie hätten
die Ukraine behandelt, als gehöre sie ihnen, ergänzt der Soziologe Wolfgang Streeck.[3]

Der Kreml hat allen Grund, sich verraten, bedroht und erbittert zu fühlen, aber nicht den geringsten Grund, noch so berech-
tigte Sicherheitsinteressen durch Kriegsverbrechen durchsetzen zu wollen. Dabei reagieren die schwächeren Brüskierten oft
schlimmer als die starken Herausforderer, siehe das Aleppo-
Syndrom. Doch selbst beim Zerbomben ganzer Städte sind die
USA mit schlechtem Beispiel vorausgegangen, wie man im iraki-
schen Mossul verdeutlicht bekam.[4]

---

1 https://truthout.org/articles/noam-chomsky-us-military-escalation-against-
   russia-would-have-no-victors/
2 https://www.youtube.com/watch?v=JrMiSQAGOS4
3 https://newleftreview.org/sidecar/posts/fog-of-war
4 Sowohl das irakische Mossul wie auch das syrische Aleppo waren Al-Qaida
   Hochburgen. Bis heute hat sich die von den Nato-konformen Medien verbreitete Mär gehalten, wonach die US-geführte Allianz in Mossul nur gezielte
   Schläge gegen islamische Milizen geführt hat, während die russischen Bomben auf Aleppo brutal die ganze Stadt in Schutt und Asche legten und wahllos
   Zivilisten töteten. Unerwähnt bleibt, dass nach neunmonatigem Bombardement auch die gesamte Altstadt und die Hälfte aller Gebäude in West-Mos-
   sul in Trümmern lag und nach Studien in der viel einwohnerreicheren Stadt
   87 000 Tote geschätzt werden. Selbst US-Kommandeure sprachen von einer
   der tödlichsten Stadt-Schlachten seit dem Zweiten Weltkrieg. Ausgeblendet
   bleibt auch, dass, bevor Russland in Syrien auf Bitten von Präsident Assad
   gegen die ein Kalifat anstrebenden Islamisten in den Krieg eingriff, bereits
   fünf Jahre lang vier von fünf UN-Vetomächten in Syrien ohne UN-Mandat

Das ist keine Rechtfertigung, sondern das Bestehen darauf, Ursache und Wirkung nicht zu verwechseln. Jedes Kind beteuert im Streit, nicht angefangen zu haben – ein früh verinnerlichtes Maß für Gerechtigkeit. Die Großmedien geben gern den Anfang eines Narrativs vor, demnach hat der Ukraine-Konflikt mit der Annexion der Krim begonnen. Bahr stand in engem Austausch mit seinem Genossen Erhard Eppler, der damals fragte: «Warum ist niemand auf die Idee gekommen, mit Putin über das Assoziationsabkommen zu reden?» Er hätte sich kaum auf die Vertragstreue eines Jazenjuk, den «Mann des State Departments», verlassen können.

Immer ist der Schnee von gestern die Sintflut von heute. Der jetzige Angriffskrieg setzt neue Prämissen und muss zu neuen Schlüssen führen. Aber bitte ohne Verbote zu ursächlichem Denken, das für Bahr elementar war, und ohne Gebote zu ausschließlicher Diffamierung. Derzeit obsiegt eine Quasi-McCarthy-Stimmung, in der nur noch Bekenntnisse zählen: Gehörst du zu uns oder zu denen? Bist du ein Good Guy oder ein Bad Guy? Die 27 000 PR-Spezialisten des Pentagon mit ihrem Jahresbudget von fünf Milliarden Dollar werden sich die Hände reiben über diesen einfachen Coup: Der Hinweis auf moralische Doppelstandards ist jetzt genauso verpönt wie der auf strukturelle Zusammenhänge. Einschüchterungsversuche hat zu seiner Zeit auch Egon Bahr erfahren, er war ungehalten über derart «widerliche Heckenschützen».

Wird sich die SPD unter all den Umständen zum Erbe der Ostpolitik von Willy Brandt und Egon Bahr bekennen? Immerhin hat sie jahrzehntelang funktioniert und war die Voraussetzung der deutschen Einheit. Für diese Politik bestand daher ein klarer demokratischer Auftrag: noch im April 2018 ermittelte Forsa,

bombten, ohne Rücksicht auf Hunderttausende Opfer. Siehe auch S. 108 ff. in diesem Buch.

dass 94 Prozent der Deutschen gute Beziehungen zu Russland für wichtig halten. Wie schnell das geht. Erst wird man zum Feindbild, dann tatsächlich zum Feind. Die 100 Milliarden Euro Sonderfonds für die Bundeswehr, die Kanzler Scholz staatsstreichartig durchgezogen hat, werden schon deshalb nicht mehr Sicherheit bringen, weil sie den drohenden Klimakollaps beschleunigen. SPD-Fraktionsvorsitzender Mützenich beklagte zu Recht, die Jungen werden uns dafür verurteilen, dass wir ihnen keine bessere Welt übergeben. Eine Schuld, die wir abtragen müssten.

Man wisse nicht, so Bahr 2001[5], wie Russland sich entwickeln werde, es sei aber geneigt, sich Europa zuzuwenden. Die Bereitschaft zur Kooperation, etwa bei der Rüstungskontrolle, nicht auszunutzen, wäre töricht und ein historischer Fehler. Er sei kein Antiamerikaner, die größte Weltmacht könne durch nichts ersetzt werden. «Fabelhaft. Sollen sie ihre Sachen machen. Aber soweit wir das mit den Europäern schaffen, erledigen wir unsere Angelegenheiten jetzt europäisch. Wenn wir das nicht machen, bleiben wir Protektorat.»

Die Emanzipation von Amerika war für Bahr ein zentrales Anliegen. Denn die Nato sei «zu einem Instrument im Interesse der hegemonialen Strategie der Vereinigten Staaten» geworden. Er plädierte für einen *European way of life*. «In der internationalen Politik geht es nie um Demokratie oder Menschenrechte. Es geht um die Interessen von Staaten. Merken Sie sich das, egal, was man Ihnen im Geschichtsunterricht erzählt», brachte er 2013 einer erstaunten Schulklasse in Heidelberg bei.

Ein Europa als Kontinent stabilen Friedens blieb nicht der einzige unerfüllte Traum Egon Bahrs. Als junger Mann hätte er gern Musik studiert, wurde aber wegen seiner jüdischen Großmutter nicht an die Universität zugelassen. (Was seine Kollegen von der

---

5 Interview in der Zeitschrift *vorgänge*; Berlin, 21.4.2001.

CDU gelegentlich bedauert hätten.) Er hatte eine Vorliebe für russische Musik, besonders Schostakowitsch und Tschaikowsky. «Wer sich mit Russland einlässt, kann die Berührung mit Tragik nicht vermeiden.» Mit diesem Gedanken begann Egon Bahr sein Nachwort für das Erinnerungsbuch von Wjatscheslaw Keworkow, die Schlüsselperson seines einst von Henry Kissinger eingefädelten «back channel» nach Moskau. Das war eine offizielle, aber verdeckte Verbindung zwischen Entscheidungsträgern. Ein Kanal, der viele Jahre vertrauensvoll funktioniert und womöglich manch Ungemach in den Beziehungen vermieden hat. Die Dimension der Tragik bezog er hier auf die generelle Unfähigkeit der Mächtigsten in einem mächtigen Staat, sich aus den Zwängen ihres Systems zu lösen und stattdessen zuzulassen, dass die Kleineren im historischen Strudel in die Fehler und Irrtümer hineingezogen werden.

Als Bahr mit 89 noch einmal heiratete, war auch Valentin Falin geladen und sein Freund Wjatscheslaw Keworkow, der die Verhandlungen mit Egon Bahr vorangetrieben hatte, die 1970 zum Moskauer Vertrag führten. Der wohl wichtigste Erfolg seiner Politik. All diese Anstifter einstiger Verständigung leben nicht mehr. Heute sind alle Verträge nichtig, es geht nur noch darum, sich gegenseitig den größtmöglichen Schaden zuzufügen. Der Weg dahin wird uns noch lange umtreiben.

Eins hat der unbequeme Egon Bahr jedenfalls erreicht. Zu seinem hundertsten Geburtstag ist er durchaus präsent und beschäftigt die Gemüter. Gratulation!

Gefechtsfeld Wahlen
Die wahren Profis im Metier, Wahlen ad absurdum zu führen

Russiagate war die größte Story seit Watergate, und die Medien belohnten, wer sich diesem Narrativ beugte, Journalisten wurden befördert und ausgezeichnet. Als Trump Hillary Clinton besiegt hatte, wollten die Demokraten ihre Niederlage gegen diesen Scharlatan nicht eingestehen und suchten einen Schuldigen. In Kooperation von FBI, Konzernmedien und finanziert von den Demokraten entstand das gefakte «Steele-Dossier», das angeblich auf «Deep-Cover-Quellen» in Russland basierte.

Diese Lüge war die Geburtsstunde von Russiagate. Dabei hatte der einzige Informant – Igor Danchenko, einst Mitarbeiter an der Washingtoner Denkfabrik Brookings Institution – dem FBI nicht verschwiegen, dass er keine Quellen in Russland habe, sondern das Dossier vom Hörensagen mit russischen Emigranten an der Bar entstanden sei. Es besagte, dass der unzumutbare, aber immerhin gewählte Präsident der USA eine Marionette Putins sei. Neokonservative, denen schon immer an der Vertiefung der Spannungen mit Russland gelegen war, nahmen die Verschwörung dankbar an, und wer sie in Frage stellte, wurde als Verschwörungstheoretiker beschimpft. Dem erfundenen Feind im Kreml wurde jede Art von Macht zugeschrieben, was so alarmierend war, dass sich selbst alternative Medien, wie das von mir geschätzte *Democracy Now!*, diesem Narrativ nicht entziehen konnten.

Danchenko soll jetzt im Gefängnis sitzen. Aber seine Rolle hat er gespielt. Der mächtigste Mann der Welt, Trump himself, sollte Putins Agent sein. Ende 2021 veröffentlichte das

US-Justizministerium seine Ermittlungen gegen innerelitäre Konkurrenten: Russiagate war nichts als ein frei erfundener Betrug.

Die Erfindungen dienten auch dazu, Vorwände für die Strafverfolgung von Julian Assange zu schaffen. Investigative Gegenstimmen wurden stigmatisiert. Insbesondere, wenn sie dem Filz der Eliten so nahekommen wie Wikileaks. Die Londoner Gerichtspräsidentin Emma Arbuthnot, die sich mit ihrer Weigerung, den Haftbefehl gegen Assange aufzuheben, der UN widersetzte und auch für die Auslieferung des Whistleblowers zuständig ist, ist verheiratet mit dem US-Vertrauten Lord Arbuthnot. Dieser hat als Vorsitzender des Verteidigungsausschusses des Unterhauses genau die Kriegsverbrechen gerechtfertigt, die Assange aufgedeckt hat. In hoher Funktion im Rüstungskonzern Thales, hat er ein persönliches Interesse an den laufenden Waffenlieferungen seines Hauses in die Ukraine.

Der Ukraine-Krieg wurde durch einen jahrelangen Informationskrieg vorbreitet.

(März 2021) Für die Schlagzeilen schon wieder ein Bericht über russischen Einfluss auf US-Wahlen. Diesmal von der US-Koordinatorin für Geheimdienste, Avril Haines. Darin keine Namen, keine Details, ganz milieugerecht. Bis auf einen natürlich – Putin persönlich hat die Aktion «genehmigt und durchgeführt». Jeder Journalist, jeder Wissenschaftler, jeder Zeuge ist gehalten, seine Behauptungen zu beweisen, wenn er als seriös gelten will. Nur geheime Ermittler genießen das Privileg, umso einflussreicher zu sein, je hemmungsloser sie ihre Unterstellungen im Dunkeln lassen. Sobald ein Hinweis auch nur von einem Lichtstrahl getroffen wird, kann es schwierig werden.

Einziger konkreter Hinweis auf die vermeintlichen Desinformationskampagnen ist im Bericht die Forderung russischer Medien nach Ermittlungen über die Rolle von Bidens Sohn Hunter in der Ukraine. Über diesem Wunsch hätte selbst Präsident Trump beinahe sein Amt verloren. Dabei wären Ergebnisse interessant geworden. Denn nach dem, was allein westliche Medien einst aufdeckten, bedarf es keiner Desinformation, um Empörung zu schüren:

Im April 2014 besucht der damalige US-Vizepräsident Joe Biden das vom Maidan-Aufstand geschüttelte Kiew. Unmittelbar danach wird sein Sohn Hunter in den Vorstand des einflussreichen Gaskonzerns Burisma berufen. Hunter kennt sich weder im Gas-Sektor, noch in der ukrainischen Politik aus. Der wegen seiner Alkohol- und Drogenabhängigkeit schon aus US-Funktionen entlassene Gründer eines Hedgefonds verkauft seinen Namen und Insider-Wissen. Dafür bekommt er vier Jahre lang monatlich bis zu 50 000 Dollar. Obendrein haben die USA im Kampf um Ressourcen und Kapital bei Gasgeschäften in der Ukraine nun einen Fuß in der Tür – mehr: einen ganzen Sohn.

Doch der ukrainische Generalstaatsanwalt Schokin ermittelte gegen die Gasholding wegen Steuerhinterziehung und Korruption. Manchen zu viel, manchen zu wenig. Joe Biden brüstete sich 2016 bei seiner Rückkehr aus Kiew mit seiner Verhandlungsführung. Er habe gedroht, er sei noch sechs Stunden da. Wenn der Staatsanwalt bis dahin nicht gefeuert sei, bekämen sie den Ein-Milliarden-Dollar-Kredit nicht. Der «Mistkerl» wurde entfernt und durch jemanden, der «zuverlässig» war, ersetzt. So geht legale Einmischung. Die *Washington Post* sprach von Vetternwirtschaft und Ruchlosigkeit. Bei solcher Faktenlage ist Information wirksamer als Desinformation. In diesem einzig bekannt gewordenen, konkreten Punkt entbehrt der neue Geheimdienst-Bericht jeglicher Glaubwürdigkeit.

Es lohnt auch, sich zu erinnern, worin 2016 die russische

Beeinflussung bestanden haben soll. Vier Wochen vor der Wahl hatte Julian Assange brisante Enthüllungen angekündigt. Sofort behauptete Hillary Clintons Wahlkampfleiter John Podesta: Wikileaks sei der Propaganda-Arm der russischen Regierung. Dass es einen Zeugen gibt, der die Daten an Assange weitergegeben haben will, erschüttert die Legende nicht; dieser Zeuge kam in der deutschen Lücken- und Linien-Presse einfach nicht vor. Nur auf Plattformen wie den *Nachdenkseiten*, oder im *Guardian*. Gegenüber der *Daily Mail* hat der einstige britische Botschafter in Usbekistan, Craig Murray, bekannt, er selbst habe die E-Mail-Daten von einem Mitarbeiter von Hillary Clinton bekommen, der frustriert war über die Intrigen gegen Bernie Sanders. Ein Insider-Whistleblower also, das habe Assange «kristallklar gemacht», so Murray. Welche Strafe darauf steht, wird aller Welt nicht weniger kristallklar demonstriert.

Angenommen, es waren zusätzlich russische Hacker am Werk. Auch hier Wahlfälschung durch Veröffentlichung der Wahrheit? Weil es nur auf einer Seite geschehen ist? Vielleicht. Doch wann sind Hacker, egal woher, eigentlich Whistleblower, die öffentlich machen, was Wähler wissen sollten? Schließlich muss das Geheimhaltungsinteresse des Staates hinter den Interessen der Öffentlichkeit und der Meinungsfreiheit im Zweifelsfall zurückstehen. Selbst die *Washington Times* titelte: Waren es doch nicht die Russen? Craig Murray: «Das Schlimmste an all dem ist, dass es den Konflikt mit Russland verschärft. Das bringt für alle Gefahren – nur nicht für die Rüstungsindustrie und natürlich das größere Budget für die CIA.» Der Dank, der Julian Assange gebührt, und die Gefahr, der er seit Jahren ausgesetzt ist, stehen im umgekehrten Verhältnis zu den eher dürftigen Solidaritätsbekundungen, die er erfährt.

Wer hat dann das angeblich gehackte Material verbreitet? Was Hillary Clinton später als den Hauptgrund ihrer Niederlage bezeichnete, passt heute nicht mehr ins Bild. Dass nämlich der republikanische FBI-Chef Comey zwei Wochen vor der Wahl verkündet hat, dass die strafrechtlichen Ermittlungen gegen Clinton wegen neuer Funde auf ihrem privaten E-Mail-Server wieder aufgenommen würden. Erst nach der Wahl stellten sich die Funde als belanglos heraus. «Wie das FBI Wahlkampf macht», titelte der *Tagesspiegel* damals. Nach heutiger Erinnerung hat nur Einer Wahlkampf gemacht: Putin.

Zweifellos gehört auch zur russischen Außenpolitik die Einmischung in Politik und Wahlen anderer Länder. Nach einer Statistik aus der Doktorarbeit des Politologen Dov H. Levin vom Institute for Politics and Strategy in Pittsburgh haben die UdSSR und Russland zwischen 1946 und 2000 36-mal in Wahlen eingegriffen, vorrangig in einstigen Sowjetrepubliken, aber auch in Venezuela oder Syrien und anderswo. Solche Statistiken bekommen ihren wirklichen Stellenwert aber erst dann, wenn man sie in Relationen sieht, was Levin akribisch belegt. Im gleichen Zeitraum haben die USA 81-mal Wahlbeeinflussung im Ausland betrieben. Insider können über die Vorwürfe gegen die Russen «nur müde lächeln», schrieb der New-York-Korrespondent der *NZZ*, Andreas Mink, am 4. 3. 2018. «Die wahren Profis dieses Metiers sind die Amerikaner selbst.»

So hat das kurze Gedächtnis der Medien längst in Vergessenheit geraten lassen, dass die Russländer allen Grund hätten, den Amis eine schicksalhafte Wahlbeeinflussung heimzuzahlen. Diese hatten 1996 alles Interesse daran, dass Boris Jelzin wiedergewählt wird, ein Mann, der die neoliberale Schocktherapie fortsetzen, die Wirtschaft des Kontrahenten ruinieren würde. Als Jelzins Popularität auf fünf Prozent abgesunken war, zogen US-Experten ins Moskauer Hotel «President». Unter ihnen Bill Clintons Wahlhelfer Richard Dresner und der PR-Mann Steven Moore. Sie brachten 100 Millionen Dollar Wahlkampfhilfe von unbekannten Sponsoren mit. Bis dahin hatten die Staatsmedien Jelzin wegen seines Tschetschenien-Krieges verdammt.

Sein Gegenkandidat Sjuganow hatte recht beachtliche Umfragewerte. In der Woche vor der Stichwahl brachten die großen Fernsehsender wie von Zauberhand 114 positive Beiträge zu Jelzin und 158 kritische zu seinem Konkurrenten. Begleitet von einer Diffamierungskampagne gegen Sjuganow, etwa durch «Wahrheitsschwadronen», die ihn auf seinen Veranstaltungen mit Fake News aus der Fassung bringen sollten. Jelzin willigte ein, als zentrale Botschaft die Gefahr eines Bürgerkrieges zu beschwören, falls die kommunistische Mangelwirtschaft wiederkehre.

Nach Jelzins Sieg schilderte das US-Magazin *Time* am 15. 7. 1996 detailgenau, wie man sich massiv eingemischt hatte: «Verdeckte Manipulation führt zum Erfolg», hieß es dort. Man konnte auch noch Meinungsfreiheit demonstrieren, Kritik an solchen Gaunereien war nicht zu erwarten. Auch der *Spiegel* widmete dem Vorgang einen kurzen Beitrag, der keine Empörung hervorrief. Dank Jelzins westlichen Beratern, die hemmungslose Privatisierung priesen, wurde eine Kaste russischer Oligarchen mächtig. In der Amtszeit dieses protegierten Präsidenten halbierte sich das Nationaleinkommen, bis Russland 1998 zahlungsunfähig, chaotisch und gedemütigt war. Diese Art von Destabilisierung ist im Westen kaum gerügt worden, im Gegenteil, man wollte nie verstehen, dass Putins verbliebener Rückhalt darauf beruht, dass er seinen Landsleuten ein gewisses Selbstwertgefühl zurückgegeben hat.

Hemmungslose Einmischung, die nicht nur Feindbilder aufrüstet, ist auch deshalb so fatal, weil sie Wahlen – die einzige Institution der repräsentativen Demokratie, die den Bürgern Teilhabe an Macht verspricht – ad absurdum führt. Wenn die eigene Stimme nur in eine Lostrommel voller Propaganda, haltloser Wahlversprechen und fragwürdiger Kandidaten geworfen werden kann, gerät Misstrauen und Politikverdrossenheit zum Dauerzustand.

Barbarossa im Wunderland
Was haben wir 80 Jahre nach dem Beginn des deutschen Angriffskrieges gegen die Sowjetunion aus der Geschichte gelernt?

(Juni 2021) «Erklärte da heute die Nato China und Russland den Kalten Krieg? Zum 80. Jahrestag des Überfalls Deutschlands auf die Sowjetunion. Keine gute Idee.» So twitterte der Grüne Hans-Christian Ströbele nach der jüngsten Nato-Tagung. An guten Ideen fehlt es dem offiziellen Gedenken an dieses Schanddatum der deutschen Geschichte auch sonst. Ein Kranz des Bundespräsidenten und 60 Minuten Bundestagsdebatte, das war's. Da immerhin wurde nicht drum herumgeredet, um den beispiellosen Angriffs-, Raub- und Vernichtungskrieg, der allein in Osteuropa mehr als 30 Millionen Leben kostete. Schließlich hatte die Heeresführung Hitlers Anweisung, ohne zu murren, befolgt: »Die von Stalin eingesetzte Intelligenz muss vernichtet werden. Im großrussischen Bereich ist die Anwendung brutalster Gewalt notwendig.» Es grenze an ein Wunder, so der Außenminister, dass unsere östlichen Nachbarn die Hand zur Versöhnung gereicht haben. Kein Wunder aber, dass Maas mit seinem unvermeidlichen Verweis auf die «völkerrechtswidrige Aneignung der Krim» die eigene Hand gleich wieder ein Stück zurückzog.

Die Protagonisten der SPD-Entspannungspolitik hatten einen anderen Zugang zur Geschichte. «Aus der Annexion der Krim zu schließen, dass russische Soldaten demnächst in Riga oder gar Warschau einrücken», sei uns nicht erlaubt, schrieb Erhard Eppler in einem Aufsatz. Für die weitaus meisten Russen sei die Angliederung der Krim «die angemessene Reaktion» auf einen vom Westen begünstigten Putsch, «mit dem die Ukraine zum ersten Mal seit tausend Jahren eine Gefahr für Russland geworden» sei. Den Ausschluss aus der G8 und die Prügelstrafe der Sanktionen hätten die Russen als Demütigung durch die Verbündeten des Großen Vaterländischen Krieges empfunden, für deren Sieg sie mehr Opfer gebracht hatten als diese zusammen. Und als Demütigung durch die Deutschen, denen man vergeben hatte, dass sie die Russen versklaven und vernichten wollten, denen man sogar ihre Einheit mit einer großen, überraschenden Geste geschenkt hatte.

Dabei war schon die vorgetäuschte Strickjacken-Freundschaft von Kanzler Kohl gegenüber Gorbatschow schäbig: den Kumpel vertrauensvoll über den Tisch ziehen, sodass er nichts in der Hand hat und in der Zwangsjacke endet.

Die Phase der Ostpolitik von Egon Bahr und Willy Brandt war wohl die einzige in der Geschichte der Bundesrepublik, in der die Hand zur Versöhnung wirklich angenommen wurde – zum Nutzen beider Seiten. Zuvor und danach lugte das tiefsitzende Feindbild keck aus den Knopflöchern der neuen Gewänder. Zu den Stereotypen des jungen Bürgertums im Deutschland des 19. Jahrhunderts hatte schon der herablassende Blick auf die «rassisch minderwertigen Slawen» gehört und damit auf den «bedrohlichen Koloss im Osten». Daran konnte die Propaganda der Nazis anknüpfen, von der Hitler in «Mein Kampf» gefordert hatte, sie müsse die Willensfreiheit des Volkes einschränken und den Fanatismus erzeugen, «der Voraussetzung für die psychische Vernichtung des Feindes ist». Das Gerede von der «Front gegen Moskau» zur «Verteidigung des Abendlandes» hat also Tradition. Die Bedrohung ergab sich aus einem angeblich «geheimen Aufmarsch der Roten Armee gegen Deutschland». Ohne Freiheitskampf, so eine der zahllosen Propaganda-Richtlinien, drohe «die Vernichtung aller menschlichen und europäischen Werte». Später erzogen bundesdeutsche Schulbücher eine ganze Generation zu Furcht und Schrecken vor dem russischen Bären.[1] Auch Adenauer verstand sich auf Relativierung – «viel Schlimmes» sei auf beiden Seiten passiert.

Das neue Feindbild ist das alte. Das der drohenden «jüdisch-bolschewistischen Weltherrschaft» wird ersetzt durch die Bedrohung der angeblich liberalen Demokratie durch ein autoritäres System. Gibt es bei allem Verteidigungswerten im Detail einen Anspruch auf Dominanz des westlichen Modells in der Welt? Die Nato soll durch «verstärkte Vorwärtspräsenz» unseren Lebensstil bewahren, also Durchsetzung der eigenen, elitären Ansprüche gegenüber dem Rest der Welt.

Als Reaktion auf die Verlegung von vier Nato-Bataillonen in die baltischen Staaten und nach Polen sowie auf US-Abwehrsysteme, die auch mit Angriffsraketen bestückt werden können, hat die russische Regierung Abwehrmaßnahmen in ihrem Vorposten Kaliningrad lange angekündigt. Zu den Putin-Verdrehern gehört der Militärexperte Christian Mölling von der Deutschen Gesellschaft für Auswärtige Politik, einer exklusiven «Denkfabrik» von Atlantikern, weitgehend finanziert vom Rüstungskonzern Airbus Group und der Deutschen Bank. Im Deutschlandfunk faselte er unhinterfragt von einer «riesigen Bedrohung durch russische Raketen» für das Baltikum. «Norwegen, Schweden und Finnland würden sofort in diesen Konflikt mit hineingezogen», eine «große Operationszone». Und: «Natürlich heißt das Aufrüstung!»

Die nicht nur hinter den Ohren Grünen haben die Unzeichen der Zeit längst verinnerlicht. Waffenexport an die Gegner Russlands, Einsatz von Drohnen, Krieg als mandatiertes Mittel der Politik. Geschichts- und klimavergessen. Hegels «Wir» bleibt sich treu: «Wir lernen aus der Geschichte, dass wir überhaupt nichts lernen.»

---

1 Siehe S. 139 f. in diesem Buch.

Modell Maidan – illegal, aber legitim?
Über die Grundlagen politischer Macht

Für Schopenhauer war Verstand die Fähigkeit zum Erkennen von Ursache und Wirkung. Solchen Verstand zu beweisen, sollte der Ehrgeiz aller Medien sein. Als Stunde null der Spannungen zwischen Russland, der Ukraine und dem übrigen Europa gilt gemeinhin die «Annexion» der Krim. Dabei bedarf es keiner großen Geistesgaben, die Zurücknahme der Krim als eine («durchaus verständliche», wie Altbundeskanzler Helmut Schmidt sagte) Reaktion auf eine Aktion zu erkennen: auf den vom Westen finanziell, politisch und propagandistisch unterstützten Staatsstreich auf dem Maidan.

Die zunächst friedlichen, zivilgesellschaftlichen Proteste gegen Korruption und Oligarchie wurden bald übernommen von neokonservativen bis rechtsextremen, gewaltbereiten Oppositionsparteien. Dass sie eine Minderheit waren, zeigte sich auch daran, dass ihre Aufrufe zum Generalstreik gegen den russlandfreundlichen Präsidenten Janukowitsch völlig wirkungslos blieben.

Diese explosive Gemengelage nutzten westliche Eliten für ihre Interessen: Die historisch, kulturell und vor allem wirtschaftlich mit Russland verflochtene Ukraine wurde vor die absurde Alternative gestellt, sich angeblich für Freiheit aus Europa oder Despotie aus Russland entscheiden zu müssen. Sie erfüllte aber ihren Zweck. Die Stimmungsmache übertrug sich direkt auf den Maidan, wo kaum jemand das intransparente 1200-Seiten-EU-Assoziierungsabkommen, mit seiner ausgeprägt neoliberalen Handschrift, kannte. Es setzte praktisch den damals gültigen Freihandelsvertrag zwischen Russland und der Ukraine außer Kraft. Welche Konsequenzen der Unterwerfungsvertrag unter die Reformbedingungen des IWF haben würde, wurde von der EU mit der ukrainischen Führung nicht offen und mit der russischen überhaupt nicht besprochen – eine schwere Missachtung und Einmischung.

Der jetzt wütende Krieg war unmittelbar nach den heute euphemistisch «Revolution» genannten Kämpfen auf dem Maidan absehbar: Der Appell «Aus Sorge um den Frieden»[1] – ich gehörte zu den hundert Erstunterzeichnern – forderte von der Bundesregierung: «Lassen Sie nicht zu, dass der Kampf um die Ukraine zu einem Stellvertreterkrieg zwischen ‹dem Westen› und Russland eskaliert!» Alle friedliebenden Menschen müssten dem verantwortungslosen Kampf um Einflusssphären und Geostrategie Einhalt gebieten. «Kriege lösen keine Probleme – ein weiterer Beweis dafür ist mehr als entbehrlich.»

Damals gab es noch Eigenwillige, die uns bestärkten. Helmut Schmidt zum Versuch der EU-Kommission, die Ukraine und Georgien einzugliedern: «Das ist Größenwahn – wir haben da nichts zu suchen … Ich halte nichts davon, einen dritten Weltkrieg herbeizureden.»

Mit dem größenwahnsinnigen Freiheitsversprechen war vor allem Freihandel zugunsten westlicher Konzerne gemeint. Der Aufkauf der schon von Hitler begehrten ukrainischen Schwarzerde-Böden nahm seinen Lauf, mehrere Millionen Hektar sind an multinationale Unternehmen überschrieben, wie das kanadische Oakland Institute dokumentiert hat. Sie haben die einstige Kornkammer der Sowjetunion zu ihrer eigenen gemacht.

---

1 Siehe «Aus Sorge um den Frieden» in: Ein Spiel mit dem Feuer. Die Ukraine, Russland und der Westen, Peter Strutynski (Hg.), Köln 2014.

Um Zahlungsunfähigkeit zu vermeiden, hat die Ukraine im März 2020 einen Kredit des IWF angenommen, dessen Bedingung eine weitere Lockerung des Verkaufsgesetzes über landwirtschaftliche Flächen war. Dagegen gab es heftige Proteste und Demonstrationen von ukrainischen Bauern, die bei uns keine Beachtung fanden. Noch im April 2021 sprachen sich fast zwei Drittel der Ukrainer gegen die Privatisierung des einst staatseigenen oder genossenschaftlichen Bodens aus, aber die Souveränität lag durch das Assoziierungsabkommen inzwischen bei der Weltbank. Nach dem Putsch war die US-Bürgerin Natalie Jaresko zur ukrainischen Finanzministerin ernannt worden. Die Entscheidungen der nach dem Maidan Regierenden hatten zur Folge, dass die große Ukraine, zusammen mit dem kleinen Moldawien, schon vor dem russischen Angriff zur ärmsten Region Europas wurde.

Die Anti-Maidan-Haltungen von 75 Prozent in Donezk und Luhansk und 80 Prozent auf der Krim hatten durchaus rationale Gründe. «Der gegenwärtige Krieg ist eine Fortsetzung des Krieges von 2014, der begann, als Kiew Truppen in den Donbass schickte, um die Anti-Maidan-Rebellion unter der Prämisse der sogenannten ‹Anti-Terror-Operation› zu unterdrücken.»[2]

―――

(*August 2014*) Die dramatischen Ereignisse in der Ukraine lassen die Frage der Selbstermächtigung in neuem Licht erscheinen. Ist der Maidan ein akzeptables Modell? Daran haben die Verbündeten der USA, EU und Nato nie einen Zweifel gelassen. Wenn aber dem Westen nicht so bedingungslos ergebene Kräfte sich der

―――

2 Olga Baysha, Interview auf overton-magazin.de, 25.5.22.

gleichen Mittel bedienen, werden aus Kämpfern für Freiheit und Demokratie wie selbstverständlich Putschisten und Terroristen. Mit dem Wissen wächst der Zweifel.

Wer immer am Anfang und am Ende auf dem Maidan war – die Aktivisten verband, bei den letzten Wahlen 2010 unterlegen gewesen zu sein. Klitschkos Partei war weit abgeschlagen und auch Timoschenko verlor in der Stichwahl. Die OSZE lobte den damaligen Urnengang laut Spiegel als «vorbildlich demokratisch». Es sei ein Ergebnis der Revolution von 2004, dass in der Ex-Sowjetrepublik faire und freie Wahlen möglich seien. Wiktor Janukowitsch hatte oligarchische Züge, aber er war ein frei gewählter Präsident. Die Mehrheit stand hinter ihm. Vermutlich gerade, weil er sich als Brücke zwischen Russland und der EU anbot. Er hat sich schon vor den Wahlen zum einheitlichen Wirtschaftsraum mit Russland bekannt und gleichzeitig zur politischen Annäherung an die EU.

Im Juni 2013 drückte der frühere US-Botschafter in der Ukraine, Steven Pifer, Verständnis für Janukowitsch aus, er stünde vor einer schwierigen Entscheidung: Weder Kiew noch Brüssel habe einen Plan B für den Fall, dass das Assoziierungsabkommen mit der EU nicht unterzeichnet würde. Es gäbe in der EU verschiedene Haltungen, Polen unterstütze den Vertrag, während Deutschland, Frankreich und die Niederlande skeptisch seien und auf weitgehende Reformen in der Ukraine bestünden.

Was er nicht erwähnte: Es handelte sich um eine Art Freihandelsabkommen, das wichtige Teile der Regierungskompetenzen dem IWF unterstellt hätte. Schon 2010 hat der Internationale Währungsfonds 15 Milliarden Dollar Finanzhilfen ausgesetzt, weil das ukrainische Parlament ein Gesetz zur Anhebung von Mindestlöhnen und Renten verabschiedet hatte. Das heißt, dem Parlament würde die Souveränität über den Haushalt weitgehend entzogen und stattdessen eine Sparpolitik aufgezwungen, die griechische Ausmaße annehmen könnte. Das Abkommen war unter anderem an der IWF-Forderung gescheitert, die Heizkosten nicht mehr zu subventionieren, sie also zu verdoppeln.

Wie autonom sind frei gewählte Regierungen, das zu tun, was sie für richtig halten? Wo kommen wir hin, wenn eine aktive, gut finanzierte Minderheit bei Missbilligung doch einen Plan B hat und gleich zum Staatsstreich greift? Wenn von Wahlen als Grundlage politischer Macht abgegangen wird? Zumal Janukowitsch bei Ausbruch der Proteste die Opposition zum Dialog an den Runden Tisch gebeten hat. Was der vom Westen nicht nur argumentatorisch ausgestattete Klitschko ablehnte, mit der Begründung, «Kompromisse mit Halsabschneidern und Diktatoren kann es nicht geben». Diktatoren zeichnen sich gemeinhin gerade dadurch aus, dass sie nicht frei gewählt sind. Bis zur Entscheidung für die stärkere wirtschaftliche Zusammenarbeit mit Russland gab es keine Massenproteste gegen Janukowitsch, er hatte immerhin eine demokratische Legitimation.

Welche demokratische Legitimation hatte der Maidan? Revolutionäre, die die Errungenschaft der letzten Revolution – freie Wahlen – übern Haufen werfen? Die Verderbnis der Idee durch ihre Verwirklichung? Wer trägt die Verantwortung für die Opfer auf dem Maidan und all die aus diesem Putsch folgenden in der Ostukraine?

In Deutschland werden häufig Abkommen unterzeichnet, die von der Bevölkerung mehrheitlich abgelehnt werden – Vorratsdatenspeicherung, Hartz 4, Rente mit 67, Krieg in Afghanistan, Export von Rüstung in Krisengebiete, generell von Uranmunition und Streubomben ... Eine gewählte Regierung darf das in der repräsentativen Demokratie. Das ist zweifellos ein Problem dieser Demokratieform, weshalb, nebenbei bemerkt, Rätestrukturen mit an den Wähler gebundenen Mandaten auch Vorzüge haben.[3]

Wenn das freie Mandat aber, bei dem Abgeordnete und Politiker sich ausschließlich ihrem Gewissen verpflichtet fühlen sollen, in westlichen Demokratien selbstverständlich ist, muss man es auch anderswo akzeptieren. Stoppen kann man einen Kurs dann entweder über ein Misstrauensvotum oder bei den nächsten Wahlen. Nie würde der Westen Selbstermächtigung jenseits der Verfassung akzeptieren. Und dies mit gutem Grund. Es wäre ein Rückfall ins Chaos des Naturrechts. Eine Ablösung des Rechts durch angebliche Moral, die praktischerweise immer der eigenen Deutungshoheit unterliegt. Nein, die Aktivbürger müssen sich zwar mehr Einfluss auf Politik und Gesetze erobern, aber das Konstrukt des Rechtsstaates verteidigen. Sonst reagiert die andere Seite auch mit Naturrecht.

Die nach dem Putsch erfolgte Abtrennung der Krim war auch ein Verstoß gegen die Ukrainische Verfassung. An die Russland aber nicht gebunden ist. Dass der Ukrainer Chruschtschow der Ukraine die bis dahin russische Krim 1954 mal eben geschenkt hat, war in der sowjetischen Verfassung auch nicht vorgesehen. Diese «Abtretung» wurde übrigens weder vom Obersten Sowjet in Moskau noch vom Kiewer je bestätigt – schon gar nicht von der russischen Duma nach 1993. Stattdessen wurde im Januar 1991, noch vor der Unabhängigkeit der Ukraine im Dezember, auf der Krim ein Referendum abgehalten, nach dem sich die Insel zur autonomen Sowjetrepublik erklärte. Eigene Verfassung und Behörden folgten.

Ermutigt durch das Budapester Memorandum, stürzten 1995 ukrainische Spezialeinheiten die Regierung der sich für autonom haltenden Republik Krim, erklärten die Verfassung für ungültig

---

3 Siehe dazu ausführlich in: Daniela Dahn: «Wir sind der Staat», Rowohlt 2013.

Der Albtraum vom ewigen Krieg

und regierten per Dekret. Der Freundschaftsvertrag zwischen Russland und der Ukraine brachte 1997 Entspannung in das permanente Tauziehen um die Insel, auch in die Sprachprobleme. Doch der Maidan kippte auch diesen Vertrag.

Dass Russland die Krim annektiert habe, sei Propaganda – so der Völkerrechtler Reinhard Merkel in der FAZ: «Sezession, Referendum und Beitritt schließen eine Annexion aus.» Russland habe die Krim angenommen, nicht weggenommen.[4] Man mag auch das als Großmachtpolitik des 19. Jahrhunderts bezeichnen.

Auf der Berliner Mauer prangte 1990 ein Graffito: «Das Kapital ist schlauer, Geld ist die Mauer». Man gibt Kredite mit Auflagen, zurück bleiben Konzerne mit Gewinngarantie. Man verteidigt seine Sicherheit in aller Welt, man begreift seine Souveränität als Schutzverantwortung für strategisch und wirtschaftlich interessante Gebiete, zurück bleiben Protektorate, Geheimdienst- und Militärstützpunkte. Den USA sollen 95 Prozent aller ausländischen Militärstandorte gehören. Der Neokolonialismus braucht keine Territorien. Bezahlte Statthalter genügen.

Als solcher kann Ministerpräsident Arsenij Jazenjuk gelten. Der Ökonom und Banker, der verschiedene politische Ämter bekleidete, war schon 2008 durch einen Brief an die Nato aufgefallen, in dem er gemeinsam mit der damaligen Ministerpräsidentin Tymoschenko um Aufnahme bat. Bei der Präsidentschaftswahl 2010 kandidierte er, die *Financial Times* bezeichnete ihn als Favoriten der Amerikaner. Doch mit 6,7 % erhielt er eine Abfuhr. Daraufhin konzentrierte er seine Aktivitäten auf die von ihm gegründete Stiftung Open Ukraine.

Als er nach dem Maidan-Umsturz im halbleeren Parlament die Stimmen zur Wahl zum neuen Ministerpräsidenten knapp verfehlte, aber dennoch amtierte, ging Aufregung durchs Netz. Weil

---

4 FAZ, 7. April 2014.

gerade da die Website seiner Stiftung abgeschaltet war. Findige Rechercheure holten durch die *waybackmachine* alles wieder ans Netzlicht. Woraufhin Jazenjuk seine Seite weitgehend wiederbelebte und jeder auf openukraine.org sich nunmehr selbst ein Bild über seine Finanziers machen kann:

Das sind das US-Außenministerium sowie diverse US-amerikanische und britische Stiftungen und Konzerne wie Rockefeller, die EU und die Konrad-Adenauer-Stiftung und schließlich die Nato höchstselbst mit ihrem Nato Information and Documentation Centre.

Da verwundert es nicht, dass die Kiewer Stiftung sich lange vor dem Maidan auf ihren permanenten Sicherheitskonferenzen und Diskussionsforen ganz dem Thema ökonomische und militärische Annäherung an den Westen gewidmet hat. Dabei schaute dann auch mal ein Generalsekretär der Nato in Kiew vorbei oder man schaltete im November 2013 per Videokonferenz direkt ins Nato-Hauptquartier. Recht aktiv war auch der deutsche Botschafter in der Ukraine, Christoph Weil, der lange in hohen Nato-Ämtern gearbeitet hatte. Wenn die Assoziierung des EU-Abkommens unterzeichnet sei, würde ein großer Strom ausländischer Investitionen einsetzen, versprach er auf einem Podium der Stiftung.

Bereits im Frühjahr 2013, kurz vor dem Besuch einer Swoboda-Delegation bei der NPD, hatte Weil sich mit dem Chef der rechtsradikalen Partei *Allukrainische Vereinigung «Swoboda»*, Oleg Tjahnybok, getroffen. Wie der offiziellen Website der Partei zu entnehmen ist, wurde in dem vertraulichen Gespräch bereits über den Sturz von Janukowitsch gesprochen. Der Faschisten-Chef empfahl dem Westen, die Janukowitsch-Regierung öffentlich zu verdammen, und versicherte dem deutschen Botschafter, sein Bestes zu tun, damit das Abkommen unterzeichnet wird. Er hat Wort gehalten.

Wer die Nato so demonstrativ vor die russische Haustür holt, dem kann kaum an Entspannung im europäischen Haus gelegen sein. Der unterstützt das westliche Streben nach Oberhoheit in Eurasien. Der gibt anschaulich Kunde, wie man «Favorit der Amerikaner» wird.

Das Kalkül von Regime-Change ist erstmals bei der serbischen Organisation Otpor (Widerstand) aufgegangen. Bei Wikipedia ist die Otpor-Strategie völlig unverhüllt nachzulesen, ein Muster, das auch andere Quellen, wie Dokumentationen der Tagesschau oder des ORF, bestätigen:

Die Finanzierung von Otpor ähnelt der von Jazenjuks Stiftung sehr, die Dachorganisation ist das Committee on the Present Danger, eine US-amerikanische Einrichtung zur Vorbereitung und Lenkung von Umsturzaktionen vornehmlich im früheren sowjetischen Machtbereich, deren Vorsitzender der frühere CIA-Direktor James Woolsey ist. Die Aufgabe von Otpor besteht darin, durch gut organisierte «friedliche Revolutionen» antiwestliche Regierungen durch prowestliche zu ersetzen.

Dabei sind folgende Schritte vorgesehen: spektakuläre «Widerstandsaktionen», über die im westlichen Ausland berichtet wird, insbesondere das Besetzen von zentralen Plätzen und öffentlichen Gebäuden, das Einführen von Symbolen. Der Arbeitsschwerpunkt liegt vor Wahlen: Auslandsmedien sensibilisieren für eine Deutungshoheit, bei der Behinderung der Opposition im Wahlkampf und zu erwartende Manipulation grundsätzlich unterstellt werden. Am Wahlabend sind Proteste medial wirksam zu organisieren, politischer Druck aus dem Ausland führt zu Neuwahlen, bei denen die vom Westen bezahlte Opposition die Regierung übernimmt.

Folgerichtig ist Otpor bei den Wahlen 2003 selbst als Partei angetreten. Mit 1,6 Prozent der Stimmen hielt sich seine demokratische Legitimation jedoch in Grenzen.

Diese Methoden zu schildern heißt nicht: Seht, seht, der Westen ist auch nicht besser. Das wäre wenig tröstlich. Angesichts der schwer erträglichen Einseitigkeit unserer Großmedien ist es allerdings unerlässlich, auf Gegenargumente zu verweisen und sich so ein differenziertes Bild zu bewahren. Die mit dem eigenen Lager sympathisierenden Aufständischen als freiheitliche Demokraten, ja Helden zu bezeichnen, die dem anderen Lager zugeneigten als selbsternannte Herrscher, ja Terroristen, hat kaum noch propagandistischen Wert.

Einzige Grundlage politischer Macht sollten freie Wahlen und durch Referenden legitimierte Abstimmungen und Verfassungen sein.

Von allen Seiten Nebelkerzen
Die Berichterstattung über die Ukraine zeigt, wie Nato-konform viele Medien sind

Die Berichterstattung über die Ukraine zeigt nicht erst seit Beginn des russischen Angriffskrieges, sondern spätestens seit dem Umsturz auf dem Maidan, wie sich in dem Konflikt viele Medien von westlicher Außenpolitik vereinnahmen lassen. Nachträglich interessant auch der Hinweis im Text, wonach das US-Außenministerium und die Nato schon im September 2014 behaupteten, es gäbe eine Invasion Russlands in der Ukraine. Eine sich selbst erfüllende Prophezeiung?

———

(November 2014) Die schon von Günter Gaus beschriebene Kluft zwischen der veröffentlichten Meinung und der nichtveröffentlichten der Menschen «draußen im Lande» war wohl nie so groß wie angesichts der Deutungsangebote der Leitmedien zur Ukraine. In ausnahmslos allen Chats der Rundfunkanstalten und großen Zeitungen empörten sich die Zuschauer und Leser über unbewiesene Behauptungen, nicht gestellte Fragen, Falschmeldungen und sprachliche Aufrüstung. Sie unternahmen Faktenchecks und zeigten sich nicht selten besser informiert als die Journalisten. Journalismus-Forscher bestätigen in der Tat, dass sich die Sicht vieler Artikel «erstaunlich oft mit der Sicht des Eliten-Milieus» deckt. Vermutlich würden Informationen und Haltungen in die Texte eintröpfeln, die «machtelitär kontaminiert» sind.

Nach Wochen des massenhaften «Aufstandes» der Gebühren-
zahler wurde es manchen Medien zu bunt, sie schlossen auf
ihren Online-Seiten vorerst die Kommentarfunktion zum Krieg
in der Ukraine. So die *FAZ* oder *heute.de*. Auch *tagesschau.de* ist
oft «überlastet», weshalb bestimmte Meldungen nicht mehr
kommentiert werden können. Die Leser diskutierten in anderen
Foren weiter – in einem aufschlussreichen Blog auf *freitag.de* liest
man: «Es ist nämlich nicht die von Mittelstufenschülern durch-
schaubare Einseitigkeit der ‹journalistischen› Perspektive, die
auf Mainstream-Seiten noch meinungsbildend ist – es sind die
Kommentare.»

Zur Ehre der Zunft sei gesagt, dass sich auch einige Journalisten beschwert haben. Der Fernsehredakteur und ver.di-Gewerk-
schafter Volker Bräutigam hat an die ARD-Sendeleitung eine
«Beschwerde über desinformierende Ukraine-Berichterstattung
und Verletzung des Rundfunkgesetzes» geschickt. Meines Wis-
sens, ohne eine Antwort zu bekommen. Im *Stern* hat Julian Nida-
Rümelin beklagt, dass «die deutschen Medien auffallend wenig
Resistenz gegen eine Ideologisierung der Außenpolitik des Westens» haben. Es fehle die kritische Distanz gegenüber Nato- und
CIA-gesteuerten Informationen. Er spricht von doppelten Standards, gar von «Kriegspropaganda».

Geistige Selbstverteidigung

Wohl einmalig in der Geschichte der Bundesrepublik ist, dass
angesichts der massenhaften Empörung der Leser und Zuschauer auch mehrere Kontrollorgane in die Kritik einstimm-
ten. Der Deutsche Presserat, dieses Selbstkontrollorgan der großen Verleger- und Journalistenverbände in ver.di, missbilligte
für ihre Ukraine-Berichterstattung *Spiegel* und *Bild*. Eine ent-

larvende Entgleisung des *Spiegel*, das einstige «Sturmgeschütz der Demokratie». Kritische Hinweise gingen auch an *Stern* und *Bunte*. (Es gehört übrigens zu den Möglichkeiten der geistigen Selbstverteidigung jedes Bürgers, auf der Website des Presserates Beschwerde einzulegen, wenn seiner Ansicht nach in konkreten Fällen Fehlinformationen oder Einseitigkeiten die Pressefreiheit oder das Ansehen der Presse gefährden.)

Ohne Beispiel ist auch die Kritik des ARD-Programmbeirates, dem Mitglieder der Landesrundfunkanstalten angehören. Unter Vorsitz des bayrischen Rechtsanwaltes Paul Siebertz erfuhren fast alle Sendungen eine vernichtende Kritik: Die Berichterstattung sei «einseitig zu Lasten Russlands» gerichtet gewesen, gefehlt hätten differenzierte Berichte über das EU-Assoziierungsabkommen und die «politischen und strategischen Absichten der NATO». Ebenso habe es an Informationen über die Legitimation des «sogenannten Maidanrats» gemangelt und dessen Rolle beim Scheitern einer friedlichen Lösung. Die «Verfassungs- und Demokratiekonformität» der Absetzung Viktor Janukowitschs sowie die Rolle der rechtsradikalen Kräfte bei dessen Sturz seien nicht oder nicht hinreichend Gegenstand der Berichterstattung gewesen. Außerdem hätten «belastbare Belege für eine Infiltration durch russische Armeeangehörige» gefehlt. Normalerweise hätten wir von diesen ungeheuren Vorwürfen nichts erfahren, denn der Beirat unterliegt laut Gesetz der Schweigepflicht. Aber das Protokoll der Sitzung wurde auf der Plattform *Telepolis* geleakt. Auch eine Form geistiger Selbstverteidigung.

Selbst verteidigt hat sich am 29. September 2014 auf *blog.tagesschau.de* dann auch Chefredakteur Kai Gniffke. Er widersprach «ganz energisch den Vorwürfen einer gezielten Desinformation» und sah «keinen Grund, sich für Fehler zu entschuldigen». Vielleicht hätte man manchen Akzent anders setzen können. «Möglicherweise sind wir zu leicht dem Nachrichten-Mainstream gefolgt.» Vielleicht ... eventuell ... andere Formulierungen. «Dieser Beitrag kommuniziert exakt die Selbstwahrnehmung von *ARD-aktuell*», heißt es in einem der wiederum vielen kritischen Kommentare. Offenbar hatte man immer noch nicht verstanden, dass man sich als Journalist nicht auf eine Seite von Konfliktparteien schlagen darf. Mein Vorschlag für weitere Analysen: Wie viele Minuten O-Töne waren beiden Seiten vergönnt? Nicht verstanden hat man, dass Journalisten Fehler und Mängel in Sendebeiträgen korrigieren sollten.

In Informationskriegen werden von Anfang an von allen Seiten Nebelkerzen zur Kaschierung geostrategischer Interessen geworfen. Zur Mündigkeit gehört, sich wenigstens von den Desinformationen der eigenen Seite zu emanzipieren. Zu denen, die sich Kritik nicht verbieten lassen, gehört der US-Politikwissenschaftler John J. Mearsheimer von der Universität Chicago. Er ist bekannt für seine Forschungen über Lügen in der Politik. Die Verantwortung für den Ukraine-Krieg sieht er bei den USA und ihren europäischen Verbündeten, die mit Geld und Manipulationen versucht haben, die Ukraine in ein Nato-Bollwerk an den Grenzen Russlands zu verwandeln. Mit Recht spreche Putin von einem «illegalen Putsch gegen den demokratisch gewählten ukrainischen Präsidenten», nur weil er prorussische Positionen vertreten habe. Nun, da die Konsequenzen offenbar seien, wäre es ein noch größerer Fehler, diese ekelhafte («misbegotten») Politik fortzusetzen.

Kein Vertrauen zur Nato

In einem äußerst ungewöhnlichen offenen Brief haben einstige führende CIA-Mitarbeiter Kanzlerin Merkel am 2. September 2014 empfohlen, misstrauisch zu sein gegenüber den unbewiesenen Behauptungen des US-Außenministeriums und der Nato, es gäbe eine Invasion russischer Truppen in die Ukraine. Die nichtssagenden, verschwommenen Fotos würden fatal an jene erinnern, die Colin Powell 2003 als Beweis für Massenvernichtungswaffen im Irak präsentiert hatte. In einem Interview ergänzte einer der Unterzeichner, der frühere CIA-Offizier und Russland-Spezialist Ray McGovern, dass es vor dem «vom Westen gesponserten Staatsstreich gegen die verfassungsmäßige gewählte Regierung in Kiew» keinerlei geheimdienstliche Hinweise gegeben habe, «dass Putin und seine Genossen je daran dachten, die Krim aufzunehmen». Mit dem Putsch beginne «die jüngste Geschichte und nicht mit der Wiedereingliederung der Krim in die Russische Föderation».

Der Westen verkörpert die Moderne: Man will keine Territorien, sondern Märkte und Einfluss. Im Aufsichtsrat des ukrainischen Gasproduzenten Burisma sitzt kein einziger Ukrainer mehr. 49 Prozent des einträglichen ukrainischen Gastransportsystems gehören inzwischen den USA und der EU. Diese Methoden zu schildern, heißt nicht: Seht, seht, der Westen ist auch nicht besser. Das wäre wenig tröstlich. Angesichts der schwer erträglichen Einseitigkeit unserer Großmedien ist es allerdings unerlässlich, auf Gegenargumente zu verweisen und sich so ein differenziertes Bild zu bewahren.

Der Atomwaffenverbotsvertrag
Wille der Menschheit, ohne A-Waffen zu leben

Seit Jahrzehnten war die Angst vor einem Atomkrieg nicht so groß und berechtigt wie heute. Unsere wahre Abhängigkeit besteht in der Unterwerfung unter die Launen der Atommächte. Gleichzeitig ist es immer unwahrscheinlicher geworden, dass Staaten, die im Besitz dieser verheerendsten Massenvernichtungswaffe sind, bereit sein könnten, sich dem Verbot anzuschließen. Anfangs waren alle Fraktionen des EU-Parlaments couragiert, forderten ihre Staaten dazu auf, die UN-Vertragsverhandlungen aktiv zu unterstützen.

Doch dann traf im Oktober 2016 bei der Nato in Brüssel eine ultimative Depesche der Obama-Regierung ein, die alle Mitglieder eindringlich davor warnte, an Verhandlungen auch nur teilzunehmen. Wie in einem Protektorat üblich, haben die Angesprochenen ihre ursprünglichen Absichten nie wieder erwähnt. Nur die Niederlande galten als Beobachter, um dann gegen den Vertrag zu stimmen.

Deutschland als Anstifter zweier Weltkriege käme eine besondere Verantwortung als Friedensstifter zu. Frieden ist sogar ein zu kleines Wort, es geht um das Überleben der Menschheit. Doch die Bundesrepublik ist immer vorneweg, wenn unter größter Geheimhaltung der Einsatz von Atombomben gegen Russland geprobt wird, wie im Oktober 2020 bei den Manövern «Resilient Guard» im Raum Büchel und «Steadfast Noon» in Nörvenich, südlich von Köln. Auf parlamentarische Nachfrage lehnte die Regierung Auskünfte dazu ab, da «in besonders hohem Maße das Staatswohl» berührt sei.

Den frühen Boykott der Nato-Staaten und ihre nukleare

Vorwärtsstrategie mit dem Staatswohl in Übereinstimmung zu bringen, ist ein propagandistischer Kraftakt. Beides war den übrigen Atommächten willkommener Vorwand, kein einseitiges Entgegenkommen zu erwägen. Auf der Website der russischen Botschaft beklagt die außenpolitische Sprecherin genauso phantasielos wie die Nato, der Vertrag sei unproduktiv, weil er nicht die Interessen von A-Waffen-Staaten reflektiere. Russland wolle diese Waffen seit Langem eindämmen, aber die Drohungen der Nato brächten die Situation an den Rand des Abgrundes. Like it or not, heißt es da, die Logik der Abschreckung bliebe der effektivste Weg zur Verhinderung eines Atomkrieges.

Was für eine lebensgefährliche Unlogik: Die Existenz von Atomwaffen verhindert einen Atomkrieg. Dabei gibt es nur *einen* absolut sicheren Weg, den Atomkrieg auszuschließen, nämlich die komplette Nichtexistenz von Atomwaffen.

———

(Januar 2021) Der Atomwaffenverbotsvertrag der UNO ist am 22. Januar 2021 in Kraft getreten. Atomwaffen werden damit, wie bereits Chemie- und Bio-Waffen, endlich völkerrechtlich geächtet.

Nach jahrelangen Konsultationen stimmten am 7. Juli 2017 122 von 193 UN-Staaten für die Verabschiedung des Atomwaffenverbotsvertrags (TINA). Maßgeblich beteiligt an den Vorverhandlungen war die Internationale Kampagne zur Abschaffung von Atomwaffen (ICAN), die dafür im selben Jahr mit dem Friedensnobelpreis ausgezeichnet wurde. Bis Ende 2020 wurde der Verbotsvertrag von 86 Staaten unterzeichnet. Um rechtlich bindend zu werden, benötigte er 50 Ratifizierungen. Dieser Meilenstein wurde bereits am 24. Oktober 2020 erreicht. Er steht für den Willen der Menschheit, ohne Atomwaffen leben zu wollen. Er stellt sich der perversen Logik der nuklearen Abschreckung in den Weg – der zugesicherten gegenseitigen Vernichtung.

Diese Option war immer mehr als ein Schreck, ihr liegen allzu realistische Szenarien zugrunde. Schließlich haben Forscher herausgefunden, dass Menschen die einzigen Lebewesen sind, die genetisch keine Blocker gegen Aggressivität haben, also die einzigen, die zur Selbstauslöschung fähig sind. Sie sind aber gottlob auch die einzigen, die keine Begrenzung für Kreativität haben. Hölderlins «Wo aber Gefahr ist, wächst das Rettende auch» ist in dieser paradoxen Gedankenwelt allerdings mehr Hoffnung als Garantie: Ein Atomkrieg wird verhindert, indem dieser angedroht wird. Wer zuerst schießt, stirbt als Zweiter. Abschreckung bleibt dabei Spekulation, die sich darauf verlässt, dass der Gegner rational handelt, Missverständnisse und Fehlalarme auszuschließen sind.

Der UN-Vertrag verbietet den Teilnehmerstaaten nun, Atomwaffen zu testen, zu entwickeln, zu produzieren, zu besitzen, weiterzugeben, zu stationieren, damit zu drohen und, natürlich, sie einzusetzen. Er verbietet auch, andere Staaten zu solchen Aktivitäten zu bewegen. Er lässt keine Hintertür. Zu den Unterzeichnern gehören vorwiegend Staaten aus Lateinamerika, der Karibik, aus Afrika, Südostasien und der Pazifikregion – oft aus Gegenden, die einst durch überirdische Tests schwer belastet wurden. Nach Schätzungen der Organisation «Internationale Ärzte für die Verhütung des Atomkrieges» (IPPNW) sind zwischen 1945 und 1980 etwa 2,4 Millionen Menschen infolge von oberirdisch durchgeführten Atomwaffentests gestorben. Allein die 23 infernalischen Tests, welche die USA bis 1958 auf dem Bikini-Atoll durchführten, haben die Inseln bis heute unbewohnbar gemacht. Dass Japan sich dem Verbot von Atomwaffen nicht angeschlossen hat, gehört zum Aberwitz dieser Welt. Dass auch alle Atommächte dagegen sind, überrascht nur in deren Rigorosität.

Nun wurde am 15. Dezember 2020 eine Erklärung des Nato-Rates zum Atomwaffenverbotsvertrag veröffentlicht, in der die 30 Nato-Staaten ihn bedingungslos ablehnen. In der Erklärung heißt es: «Wir akzeptieren kein Argument, dass der Verbotsvertrag die Entwicklung des Völkergewohnheitsrechts widerspiegelt oder in irgendeiner Weise dazu beiträgt.» Das ist ein eklatanter Affront der Nato gegenüber der UN-Gemeinschaft.

Die Atommächte argumentieren, dass der Vertrag das Konzept der nuklearen Abschreckung delegitimiere, die aktuelle weltpolitische Lage aber keine absolute Ächtung von Atomwaffen erlaube. Vorzuziehen sei ein diplomatischer Schritt-für-Schritt-Ansatz, wie ihn der (weniger konsequente und für Kündigung und Verstöße offene) Atomwaffensperrvertrag verfolgte.[1] Dieser gelobte Ansatz erlaubt es, dass derzeit umfassende nukleare «Modernisierungsprogramme» das Wettrüsten anheizen. Die Beschaffung neuer Trägersysteme und neuer taktischer Nuklearsprengköpfe ist in Vorbereitung. Konkrete Abrüstungsvorschläge liegen nicht vor, und über die Verlängerung des *New START-Vertrages* verhandelten die Vertragspartner USA und Russland seit Juni 2020 vergeblich. Er wird in der Nato-Erklärung nicht einmal erwähnt. Die Gespräche werden durch die US-amerikanische Forderung belastet, China in die nukleare Rüstungskontrolle einzubeziehen. Sowohl Peking als auch Moskau lehnen diese Verkoppelung ab. Chinas atomare Rüstung ist vergleichsweise klein. Sollte *New START* ohne Verlängerung auslaufen, stünde die Welt zum ers-

---

1 Die Überprüfungskonferenz für den NVV ist nach 7-jähriger Pause und 4-wöchigen Verhandlungen in New York Ende August 2022 ohne Ergebnis geblieben. Das von 145 Staaten zunächst befürwortete Abschlussdokument, schrieb den Nuklearmächten hinter die Ohren, dass ein Atomkrieg jetzt und in Zukunft nie geführt werden dürfe. Außenministerin Baerbock war anwesend, unterschrieb aber nicht. Schließlich wurden die Teilnehmer mit einem neuen Konflikt konfrontiert: der Militarisierung des Atomkraftwerkes im ukrainischen Saporischschja. Die Erklärung scheiterte, da Russland nicht auf gemeinsame Formulierungen einging.

ten Mal seit einem halben Jahrhundert ohne eine vertraglich bindende Begrenzung der beiden größten Atomarsenale der Welt da.

Laut dem Jahresbericht des unabhängigen «Stockholm International Peace Research Institute» (SIPRI) existieren weltweit noch 13400 Atomsprengköpfe. Alle Atomwaffenstaaten modernisieren ihre Arsenale kontinuierlich. Dabei geben die USA etwa so viel aus wie die anderen acht Nuklearmächte zusammen.

Nun kommt es auf breitgestreute, zivilgesellschaftliche Aktivitäten an. Die Sehnsucht nach einer atomwaffenfreien Welt gibt es, seit die Bomben auf Hiroshima und Nagasaki fielen. 500 Millionen Menschen aus 75 Ländern, überwiegend aus den sozialistischen, unterschrieben 1950 den *Stockholmer Friedensappell*. Als erster unterzeichnete Frédéric Joliot-Curie. Im Kalten Krieg wurden Initiativen für Frieden schnell als kommunistisch denunziert. Das wenigstens funktioniert nicht mehr.

Selbst 40 Finanzinstitute weltweit haben sich seit dem Beschluss der UN-Generalversammlung von 2017 verpflichtet, keine A-Waffen zu finanzieren. Im September 2020 forderten in einem Offenen Brief 56 ehemalige Präsidenten, Premierminister und Minister aus 20 Nato-Staaten – darunter zwei ehemalige Nato-Generalsekretäre – den Beitritt der Nato zum Atomwaffenverbotsvertrag. So auch das globale Bündnis ICAN, das 570 Partnerorganisationen aus 100 Ländern vereint. «Es ist absurd, 138699 US-Dollar *pro Minute* für Waffen auszugeben, die katastrophales menschliches Leid verursachen, anstatt diese Summen in die Gesundheit der Bürger zu investieren», kritisiert die Geschäftsführerin von ICAN, Beatrice Fihn. Ein Bekenntnis, das in unterversorgten Pandemie-Zeiten von besonderer Eindringlichkeit ist. Als wichtige Unterstützung gilt der ICAN-Städteappell – sind doch Großstädte erste Angriffsziele von Atomwaffen. Los Angeles, Manchester, Sydney und viele andere haben an ihre Regierungen appelliert, dem Verbotsvertrag beizutreten. Allein in Deutschland haben sich über 100 Städte, Gemeinden und

Landkreise dem Appell angeschlossen. So auch vier Bundesländer: Bremen, Berlin, Hamburg und Rheinland-Pfalz.

Denn natürlich hat auch Deutschland in seiner Nato-Vasallentreue die Ablehnung des Verbotsvertrages mitbeschlossen. Das ist angesichts der breiten Zustimmung im In- und Ausland ignorant und unproduktiv. In einer von Greenpeace initiierten Umfrage, ob Deutschland den UN-Vertrag für ein weltweites Atomwaffenverbot unterschreiben sollte, antworteten 92 Prozent der Bundesbürger mit Ja. (So viel zum Thema Repräsentative Demokratie.)

Statt auf ihre Bürger zuzugehen, wurden diese von Regierungsvertretern dahingehend belehrt, dass eine Abkehr Deutschlands von der «Bündnissolidarität» und damit von nuklearer Teilhabe die «Allianz als Stabilitätsanker» schwer erschüttern würde. Der atomstrotzende Stabilitätsanker – absurd. Auf eine Anfrage der Linksfraktion bestätigte die Bundesregierung im letzten Jahr, dass Deutschland trotz nuklearer Teilhabe eine Entscheidung des US-Präsidenten, Nuklearwaffen einzusetzen, nicht verhindern könnte.

Gerade viele junge Leute haben verstanden, dass Klimabewegung und Friedensbewegung zusammengehören. In einem 64-seitigen Positionspapier hat die *Stiftung für die Rechte zukünftiger Generationen* jetzt eine öffentliche Grundsatzdebatte mit der Zivilgesellschaft und besonders der Jugend gefordert. Politiker sollen die schon allein durch die Stationierung und Modernisierung der A-Waffen resultierenden Konsequenzen für Menschen und Tiere, für Natur und Klima transparent machen. Sie fordern, sich von der nuklearen Abschreckung zu distanzieren, und begründen, warum eine atomwaffenfreie Welt alternativlos ist: «**T**here **I**s **N**o **A**lternative». Ausnahmsweise tatsächlich: TINA.

Kooperation oder Konfrontation mit Russland?
Eröffnungsrede auf der *Münchner Friedenskonferenz* am 17. 2. 2017, ergänzt durch Beobachtungen auf der Sicherheitskonferenz am 18. und 19. 2. 2017

Parallel zur Münchner Sicherheitskonferenz findet alljährlich im alten Rathaus die Münchner Friedenskonferenz statt. Seit einigen Jahren kann diese Konferenz auch zwei Beobachter zum mit Argwohn verfolgten Gegentreff der Nato-Getreuen aus aller Welt schicken, in den pompösen, wenn auch in die Jahre gekommenen Bayerischen Hof. 2017 war die Nato in eine Sinnkrise geraten, da US-Präsident Trump ihr die Unterstützung zu versagen drohte. In Erwartung der Auftritte der US-Vertreter hielten alle die Luft an. So entstand dieser Text.

———

(Februar 2017) Noch keine Münchner Sicherheitskonferenz war so aufgeladen mit Erwartungen und hatte einen solchen Andrang von einst und gegenwärtig hochrangigen Politikern wie diese. Erstmals standen die transatlantischen Beziehungen zur Disposition. Konferenzchef Wolfgang Ischinger fragte eingangs besorgt, ob wir vor einem post-westlichen Zeitalter stünden. Auch von anderen Rednern wurde der womögliche Wechsel zu einer «neuen Weltordnung» beschworen, was den auf Verständigung Bedachten Anlass zu großer Sorge bot, da Weltordnungen erfahrungsgemäß durch Kriege verändert werden.

Der Auftritt von US-Vize Mike Pence wurde atemlos verfolgt, wie der eines Messias. Dass es die intellektuell magerste Rede von allen war, fiel nicht weiter auf, denn der erlösende Satz nahm die Ängste: Die USA ist und wird immer ihr größter Verbündeter sein. «Unter Präsident Trump werden wir die stärkste Armee der Welt sein.» Die USA unterstütze die Nato energisch, aber Donald Trump erwarte, dass alle Mitglieder jene zugesagten zwei Prozent ihres Bruttoinlandsproduktes zur Aufrüstung beitrügen. Mit ihm jedenfalls, so die wiederholte Botschaft, werde die USA so stark wie nie zuvor.

1. Die Geschichte der Konfrontation jenseits von Propaganda erzählen

Der völkerrechtswidrige Jugoslawienkrieg, die Expansion der Nato nach Osten, neue Raketensysteme, die Einmischung des Westens in die inneren Angelegenheiten Russlands und dessen traditioneller Verbündeter, die Sanktionen, die Propaganda – all das hat zu einer neuen Ära der Konfrontation mit Russland geführt. Die Nato-Mitglieder behaupten natürlich, das Gegenteil sei wahr, Russlands aggressive Politik sei der Grund der Spannungen.

Fangen wir gleich beim diesjährigen, überall verteilten Report der Münchner Sicherheitskonferenz an. Unter Berufung auf «zahlreiche Menschenrechtsorganisationen» wird dort behauptet, 80 Prozent der russischen Luftangriffe auf Syrien galten nicht dem IS, sondern zielten auf Rebellen und Zivilisten. «Damit ist das russische Märchen des Kampfes gegen den Terror in Syrien endgültig bloßgestellt», sekundierte die *Bild*-Zeitung. Immer wenn wieder das Ende einer Geschichte verordnet wird, muss man misstrauisch werden und die Geschichte von vorn erzählen. Denn hier liegt ein klassisches Beispiel vor, wie man mit Zahlen, die vielleicht sogar stimmen, durch Fehlinterpretation manipulieren kann.

Russland und Syrien haben nie behauptet, nur den IS zu bekämpfen, sondern alle islamistischen Terroristen, die gewaltsam die Regierung stürzen wollen. Einer der Hauptgegner ist daher die al-Qaida zugehörige Al-Nusra-Front, die sich im letzten Sommer aus taktischen Gründen in Eroberungsfront der Levante umbenannt hat, um nicht mehr als Terroristen-Organisation wahrgenommen zu werden. Ihr Ziel ist aber unverändert ein islamisches Kalifat, in dem alles Säkulare ausgerottet und die alawitische und christliche Minderheit vertrieben wird. Diese vom Westen jetzt verharmlosend zu den Rebellen gezählten Kämpfer haben nach Erkenntnissen der Geheimdienste auch das Nervengas Sarin im syrischen Ghouta und später nahe Aleppo eingesetzt, um den Verdacht auf Assad zu lenken. Der UN-Sicherheitsrat hat sie als Terrororganisation eingestuft.

Diese sogenannte Eroberungsfront und die mit ihnen verbündeten Gruppen machen nach Angaben von Experten, auf die sich die Korrespondentin Karin Leukefeld beruft, die Hälfte der Anti-Assad Kämpfer aus. Zählt man die Luftangriffe auf sie zu denen auf den IS, sind wir statt 20 schon bei 70 Prozent, die sich gegen Terroristen richteten. So viel also präzisierend zum Report der Sicherheitskonferenz.

Bleibt immer noch die Frage, warum die Russen im Verbund mit der syrischen Armee angeblich bevorzugt Zivilisten bombardieren. Dabei unterscheidet sich die gegenwärtige US-Offensive auf das irakische Mossul nicht von der russischen Offensive auf Aleppo. Wenn die US-Koalition Tag und Nacht mit Langstreckenraketen Wohngebiete in Mossul angreift, auch gezielt die Universität, Krankenhäuser, ja die gesamte zivile Infrastruktur zerstört, dann heißt es, das waren alles Orte, die die Terroristen als Basis benutzt hätten. Bei den russischen Bombardements in Syrien dagegen wird verlangt, ganz sauber zwischen Zivilisten und Terroristen zu unterscheiden. Da aber Terroristen nun mal keine Armeen befehligen, die in ordentlichen Kompanien kämpfen und anschließend in ihren Kasernen ein übersichtliches Ziel abgeben, wird dies nie und nirgends möglich sein. Aber diese Einsicht müsste *alle* Seiten zu der Frage bewegen, ob die Bombardiererei im Kampf gegen islamischen Terrorismus überhaupt etwas ausrichten kann. Außer unermesslichem Leid.

Die Idee, den Terrorismus zu bekämpfen, ohne dessen Ursachen zu erkennen und zu eliminieren, ist falsch, sagte UN-Generalsekretär António Guterres in seiner von den Medien kaum beachteten Rede. Dabei war dies die mutigste und analytischste Rede der ganzen Münchner Sicherheitskonferenz. Sie enthielt zwei Schlüsselsätze, auf die wie zu erwarten niemand einging: «Die größte Bedrohung für die Sicherheit ist das politische Establishment.» Guterres beklagte dessen mangelnde Kapazität für Analysen, die Lücke in den Erkenntnissen, dessen dysfunktionale Strukturen. Die Globalisierung habe viele Verlierer – eine Jugend ohne Chance sei anfällig für Extremismus. Der UNO-Chef forderte Langzeitstrategien für Bildung und Armutsbekämpfung, für Klimaschutz und Wasserversorgung. Es fehle an Visionen und Investitionen zur Friedenssicherung.

Diesen Eindruck hatte man auch beim Statement des afghanischen Präsidenten Mohammad Ashraf Ghani. Er sah etwas anderes als die größte Bedrohung, nämlich, dass sich etwas wie der 11. September wiederhole. Man hätte den Terrorismus bisher nie mit friedlichen Mitteln in den Griff bekommen. Afghanistan sei daher «in höchstem Maße dankbar für das globale Handeln» in seinem Land – die Taliban seien zurückgeschlagen worden, behauptete er.

Der pakistanische Verteidigungsminister Khawaja Asif klang weniger begeistert über die westliche Einmischung. Die Terroristen hätten nichts mit islamischer Religion zu tun, sie seien Kriminelle. Die Frage, ob die militärische Gewalt nicht kontraproduktiv war und Elend in die Region gebracht habe, sei offen. Zwar seien die Anschläge derzeit zurückgegangen, aber nun müsse man die Opfer der Interventionen prüfen.

Eine andere Sprache als Gewalt verstehen Terroristen nicht, heißt es von vielen Seiten, obwohl kaum jemand ein anderes Vorgehen bisher erprobt hat. Welch verstörender Gedanke: Terrorismus, dieser auf teuflische Weise politisch erzeugte Homunkulus, kann nur politisch gebändigt werden, indem man mit diesem selbsterzeugten, vermeintlichen Ungeheuer redet. Terrorismus wird nicht aus purer Mordlust geboren, er ist vor allem ein Schrei, der gehört werden will.

Was aber, wenn die oft gekauften und zudem meist vom Ausland hochgerüsteten Söldner tatsächlich nicht zu stoppen sind? Am 11. September 2013 veröffentlichte die *New York Times* einen offenen Brief Putins an das amerikanische Volk. Gewalt hat sich als unwirksam und sinnlos erwiesen, hieß es darin. Es war ein geradezu flehender Appell, zum Weg zivilisierter, politischer Vereinbarungen zurückzukommen, das Völkerrecht einzuhalten und militärische Interventionen wegen innerer Konflikte in anderen Ländern zu unterlassen. Doch das Morden der von den USA, Saudi-Arabien und anderen mitfinanzierten islamistischen Terroristen ging weiter.

Der UN-Syrienbeauftragte Staffan de Mistura sagte auf der Konferenz bewegt, er habe noch nie einen so grausam ausgetragenen Konflikt gesehen, mit mittelalterlichen Belagerungen von beiden Seiten. Daesh und al-Nusra seien die Feinde von uns allen. Die Russen hätten dieselbe Priorität, «sie haben was geleistet». Das russische Militär habe vermieden, dass es in Aleppo zum Allerschlimmsten gekommen sei und nochmals 100 000 Flüchtlinge in Bewegung gesetzt würden. Der Waffenstillstand halte besser als bei früheren Versuchen. Es bedürfe jetzt einer Verfassung, die von Syrern und nicht von Ausländern geschrieben würde, und Wahlen unter UN-Aufsicht. Die UN-Resolution 2254 zum politischen Übergang sei seine Bibel, sein Koran.

Der Albtraum vom ewigen Krieg

Konstantin Kosachev, Chef des Auswärtigen Ausschusses im russischen Parlament, kritisierte, dass zur Unterstützung dieses Prozesses niemand aus Damaskus auf der Konferenz sprechen könne.

Von mindestens 400 000 Toten in den Jahren vor dem russischen Eingreifen in Syrien ging der UN-Sondergesandte Staffan de Mistura aus. Aktivisten zufolge, schrieb die *Zeit*, soll Russland mit seiner Offensive für 10 000 Tote verantwortlich sein, darunter 3800 Zivilisten. Ist das ein zu rechtfertigender Preis für die Befreiung von Aleppo und die jedenfalls vorläufige Eindämmung der Gewalt in Syrien? Darf man überhaupt so fragen? Ich weiß es nicht.

Bringt das nicht alle Überzeugungen auch der Friedensbewegung durcheinander, wonach Krieg niemals Mittel der Politik sein darf? Oder war das legale Hilfe für die Verteidigung der Regierung, ein Befreiungskrieg, um den Zerfall Syriens zu einem weiteren *failed state* zu vermeiden? Dominiert von strategischen Interessen Russlands, aber vielleicht doch ein Beginn für einen langwierigen Prozess der Befriedung, einer Befriedung, die der Nato bisher noch nirgends gelungen ist? Wird das Schicksal des Nahen Ostens jetzt vom fernen Trump-Kurs abhängen? Gewissheiten sind rar geworden. Frühere Gewissheiten waren allerdings oft auch nur Scheingewissheiten.

Eigene Zweifel sollten offen debattiert werden, denn hinter vorgehaltener Hand braut sich nur Unheil zusammen. Ein Beispiel: Am 7. Februar 2017 meldeten die Medien knapp, dass die Dienste nach einjähriger Untersuchung keine Beweise für russische Desinformationskampagnen gegen die Bundesregierung Deutschland gefunden haben. Nur feindselige Berichterstattung auf *Russia Today Deutsch* und *Sputnik News*. Die Art von russischen Faktenchecks eben. Pulitzer-Preisträger Seymour Hersh kritisierte die US-Medien für die unkritische Übernahme der Geheimdienststory über russische Hacker. Wenn es nicht genügend Beweise gäbe, um jemanden vor ein US-Gericht zu stellen, dann gäbe es auch nicht genügend Gründe, um Sanktionen gegen eine Atommacht zu verhängen.

Der republikanische Senator Lindsey O. Graham dagegen kündigte an, man werde Präsident Trump wegen Russlands hybrider Kriegsführung[1] und dessen Expansionismus einen neuen Plan für Sanktionen auf den Schreibtisch legen. Sein Versprechen, man werde die russischen Einmischungen nicht durchgehen lassen, brachte ihm Beifall im Plenum der Sicherheitskonferenz. «2017 ist das Jahr, in dem wir Russland in den Hintern treten müssen.»

2. Die Interessen der anderen Seite zur Kenntnis nehmen

«Die Grundprinzipien der europäischen Friedensarchitektur» sind eben nicht erst durch die Annexion der Krim in Frage gestellt worden, wie unser alter Außenminister und neuer Bundespräsident beklagte, sondern mit solchen Provokationen und spätestens 1999 durch die Nato. Auch damals ging es um Separatisten – kroatische, slowenische, die vom Westen auch wohl deshalb unterstützt wurden, weil man meinte, so den russischen Einfluss auf dem Balkan schwächen zu können. Wochenlang wurde eine europäische Hauptstadt bombardiert. Da spielten das Völkerrecht und territoriale Unversehrtheit keine Rolle, da wurden vom Verbündeten Russlands Gebiete abgetrennt und neue Grenzen gezogen.

Die interessengeleitete Demagogie des Westens in dieser Konfliktlage war, der Ukraine weiszumachen, ein Assoziationsab-

---

1 Eine hybride Kriegsführung hat es damals, wie sich herausstellte, nicht gegeben; siehe S. 29 in diesem Buch.

kommen mit dem traditionell verbündeten Russland sei eine Entscheidung gegen Europa und gegen Demokratie und müsse daher bekämpft werden. Als ob die kulturell gespaltene Ukraine nicht friedliche Beziehungen zu beiden Seiten hätte haben können. Durch den vom Westen beförderten Machtwechsel in Kiew sah die russische Regierung plötzlich ihren Stützpunkt der russischen Schwarzmeerflotte auf der Krim gefährdet, den Zarin Katharina 1783 in Sewastopol begründet hatte. Seine Rückeroberung von der deutschen Wehrmacht 1944 durch die Rote Armee hat einen hohen Stellenwert im russischen Geschichtsbewusstsein.

Der andererseits als Russlandversteher beschimpfte Steinmeier hatte gemahnt, dass den Deutschen die Erfahrung der schuldbeladenen Vergangenheit nicht verloren gehen dürfe. Der deutsche Angriff auf die Sowjetvölker hat mehr als doppelt so viel Menschenleben ausgelöscht wie im ganzen übrigen Europa. Wenn man die Sezession der Krim nicht billigen kann, so könnte man doch bedenken, warum die von den Bewohnern der Krim gewollte Abtrennung von russischer Seite als Akt verteidigungspolitischer Notwehr betrachtet wird. Nötig, bevor man durch weitere Landnahme der Nato nicht mehr handlungsfähig ist. Von Sewastopol bis Moskau sind es nur 1270 km – eine Entfernung, die eine BGM-109-Tomahawk-Rakete mühelos überwindet, auch mit atomarem Gefechtskopf.

Die Frage, ob im Völkerrecht das Selbstbestimmungsrecht der Völker oder die Unverletzlichkeit der territorialen Souveränität Vorrang hat, ist offen. Die Rückkehr zu kaum lebensfähiger, nationalistischer Kleinstaaterei wie im einstigen Jugoslawien ist sicher ein Anachronismus in der globalisierten Welt. Wenn aber durch Kriege und koloniale Arroganz willkürlich gezogene Grenzen auch nach Jahrzehnten oder gar Jahrhunderten bei der Bevölkerung keine Akzeptanz finden, dann wären verbindliche internationale Spielregeln für Autonomie bis zu mehrheitlich gewollter Separation womöglich hilfreich, um Blutvergießen zu vermeiden. Dann hätte man zum Beispiel ein Druckmittel gegen die Regierung in Kiew, den im Minsker Abkommen vor zwei Jahren mit sofortiger Wirkung vorgesehenen Sonderstatus im Donbass, mit nachfolgender Verfassungsänderung, auch durchzusetzen.

Der russische Außenminister Sergej Lawrow zeigte sich vom Konferenzgeschehen genervt. Die Nato sei eine Institution des Kalten Krieges im Denken und im Herzen geblieben. Dies zeigten auch Erklärungen auf dieser Bühne. Der gesunde Menschenverstand sei für russophobische Elemente geopfert worden. Ein Eliteclub von Staaten regiere die Welt. «Unsere Vorschläge zum Nato-Russland-Rat sind nicht beantwortet worden.» In der Ostukraine hätten beide Seiten den Waffenstillstand verletzt, aber der Westen blende in einer Art Selbstzensur die zivilen Opfer und die viel stärkere Zerstörung der Infrastruktur durch ukrainische Milizen aus. Der Mangel an Informationen sei das Hauptproblem. Russland wolle die volle Umsetzung des Minsker Abkommens, mit Verfassungsreform, Amnestie, Begnadigung der Maidan-Aktivisten, Wahlen und Wiedereinsetzung der Regierung im besetzten Gebiet. Aber Russland werde die ganze Schuld unterstellt, man höre nur Anschuldigungen, keine Fakten.

Der frisch gekürte Außenminister Sigmar Gabriel fragte, ob «unser Politik-Verständnis» noch kompatibel mit der heutigen Welt sei. Krieg sei leider als Instrument der Politik zurückgekehrt. «Die Außenpolitik muss der Verteidigungspolitik vorangehen, nicht umgekehrt.» Während Verteidigungsministerin Ursula von der Leyen sich ungeachtet Trumpscher Tiefschläge als Transatlantikerin «ohne Wenn und Aber» anbiederte und von der endlich gelungenen Kehrtwende zu mehr Aufrüstung schwärmte, warnte Gabriel, dass mehr Militärausgaben nicht zwangsläufig mehr Sicherheit brächten. Deutschland gebe jährlich 30 bis 40 Millionen Euro für Flüchtlinge aus, weil militärische Interventionen schiefgegangen seien. Dies sei auch Stabilisierung. Er verspüre «keine Glückseligkeit über eine neue Aufrüstungsspirale». Die Richtung sei klar, wurde er dann doch kleinlaut, aber kurzfristig wisse er nicht, woher er das Geld nehmen solle.

3. Wie kommen wir zu einer gemeinsamen Friedenspolitik?

Der Stein der Weisen ist nicht in meinem Besitz. Über diese Frage aller Fragen müssen wir schon gemeinsam nachdenken. Der Frieden betrifft uns alle so existentiell, dass man ihn nicht allein den Politikern überlassen kann. Auch nicht den Teilnehmern der Münchner Sicherheitskonferenz. Auch uns nicht – aber die Gefahr besteht ja kaum.

Die Mächtigen müssen von der Militärlogik zu ziviler Logik zurückfinden, wer würde da widersprechen – denkt man. «Wenn eine Idee mit einem Interesse zusammenstößt, ist es allemal die Idee, welche sich blamiert», so die zeitlose Einsicht von Friedrich Engels.

Die Ausgaben aller Nato-Staaten für *Verteidigung* betragen über eine Billion Dollar im Jahr. Seit Existenz der Nato ist aber kein Verteidigungsfall eingetreten. (Den Kampf gegen die Schwerstkriminalität terroristischer Anschläge zum Krieg zu erklären und so jahrelang vor allem Unschuldige zu töten, ist selbst kriminell.)

Es gibt keinen einzigen Fall, in dem das gewaltsame Eingreifen dieses US-dominierten, größten Militärbündnisses der Welt nicht vielfach mehr Menschenleben gekostet hat, als zu schützen vorgegeben wurde. Keinen einzigen Fall, in dem alle in der UN-Charta geforderten Voraussetzungen erfüllt gewesen wären.

Die Menschenrechte wurden zu einem ideologischen Instrument degradiert, um in deren Windschatten mit Gewalt geostrategische Macht zu erobern. Keine bewaffnete «humanitäre Intervention» hat Humanismus gebracht. Die angeblich «friedenserzwingenden Maßnahmen» haben nur Hass und Fundamentalismus gefördert. Das ist das Gegenteil von Sicherheit.

Der neue US-Verteidigungsminister James N. Mattis, der früher Nato-Funktionen innehatte, versprach, die Abschreckung der Nato zu verstärken, eine «verstärkte Vorwärtspräsenz». «Die Nato dient dazu, unseren Lebensstil zu bewahren.» Dies war der zweite Schlüsselsatz auf dieser Konferenz. Wessen und welchen Lebensstil genau? Verteidigung nicht mehr als Schutz vor kriegerischer Gewalt, sondern als Behauptung der eigenen, elitären Ansprüche gegenüber dem Rest der Welt?

Alle sind schuldig, vor allem wir Politiker, bekannte Putin vor nunmehr 15 Jahren in seiner heute verdrängten Rede vor dem Bundestag. Wir hätten es noch nicht gelernt, uns von den Stereotypen des Kalten Krieges zu befreien. So viel selbstkritisches Entgegenkommen hört man von westlichen Politikern selten. Ohne eine moderne europäische Sicherheitsarchitektur lasse sich kein Vertrauensklima schaffen, so Putin. Doch von einem Bündnis unter Einbeziehung Russlands wollte die Nato nichts wissen. Sie setzte auf verharmlosend «Abschreckung» genannte existentielle Bedrohung: bis zur Stationierung von Bundeswehreinheiten in Ex-Sowjetrepubliken, in denen einst die Wehrmacht wütete. Ausgerechnet in der Nähe von Lemberg fand im Juli 2015 unter Beteiligung der Nato, die in der Ukraine nichts zu suchen hat, das Militärmanöver «Schneller Dreizack» statt. Wandel durch *Annäherung* hat zu Entspannung geführt, nicht Wandel durch *Abschreckung*.

Russland ist kein Gegensatz zu Europa, sondern sein Bestandteil. Bis zum Ural auch geografisch. Seine Kunst hat die europäische tief beeinflusst: Dostojewski, Tolstoi, Bulgakow, Eisenstein, Tschaikowski, Schostakowitsch, Chagall, El Lissitzky und ungezählte andere, bis heute. Europa verstümmelt sich mit der Absonderung von Russland – kulturell, ökonomisch, touristisch, menschlich. Europa ist auf Russland angewiesen, um in Frieden zu leben.

Doch auf dieser Konferenz ging es nicht um Annäherung oder Entspannung, viele Redner setzten stattdessen auf Abschreckung und Aufrüstung. Zu den Sponsoren der Tagung gehören traditionell die Rüstungskonzerne Krauss-Maffei Wegmann, MBDA und Lockheed Martin. Auch aus dem Etat für «sicherheitspolitische Öffentlichkeitsarbeit» des Verteidigungsministeriums kam eine halbe Million Euro.

Trotzdem gab es abweichende Meinungen, auch aufschlussreiche *side events*, etwa zur Klima-Bedrohung. Oder erstmalig ein nobles literarisches Rahmenprogramm mit drei Nobelpreis-Trägern. Die eigentlichen Gespräche fanden in den Hinterzimmern statt, ohne Öffentlichkeit. Sie können hilfreich sein, für wen aber – das erfährt man nicht. Was auf offener Bühne stattfand, war inszenierte Glasnost, ohne Perestroika. Die Logik der Militärs hat die Oberhand, das ist mehr als beunruhigend, es ist hochgefährlich.

Es ist höchste Zeit, über andere Ansätze nachzudenken. Gerade angesichts einer sogenannten *Sicherheit*skonferenz. Der von den Nazis umgebrachte Theologe Dietrich Bonhoeffer dachte wahrlich christlich-abendländisch: «Es gibt keinen Weg zum Frieden auf dem Weg der Sicherheit. Denn Friede muss gewagt werden, ist das eine, große Wagnis, und lässt sich nie und nimmer sichern. Friede ist das Gegenteil von Sicherung.»

Frieden ist der feste Wille, miteinander auszukommen. Weil die übergroße Mehrheit der Menschen im Krieg nichts zu gewinnen hat, aber alles zu verlieren. Das Wagnis liegt in der Bereitschaft, sich gegenseitig zu vertrauen. Indem man die Interessen des anderen respektiert, also gleichberechtigt zusammenarbeitet, sich beim Ringen um Einfluss nicht übervorteilt. Dazu gehört die Fähigkeit, sich selbst als belastet anzusehen und Kritik an der Gegenseite ohne einseitige Schuldzuweisungen vorzubringen.

Krieg ist die exzessivste Form von Terrorismus. Er ist seit 1929 für alle Zeiten völkerrechtlich geächtet. Aber die wichtigsten Unterzeichnerstaaten haben sich nicht daran gehalten.

Demokratie heißt auch selber schuld sein. Wenn wir uns angesichts all der Kriege, all der vermeintlichen Schutzverantwortung, die nur die Interessen der Macht schützt, nicht schuldig fühlen, fühlen wir uns auch nicht als Teilhaber einer Demokratie. Obwohl wir Aktivbürger die Verfehlungen, die mit unserem Geld in unserem Bündnis gemacht werden, so gut wie nicht verhindern können, sind wir doch zuständig dafür.

Die herrschenden Eliten nennen uns gern Steuerzahler. Wir sollen ihre Pläne finanzieren und ansonsten nicht weiter stören. Als aktive Bürger sind wir nicht gefragt. Unseren Drang nach Freiheit sollen wir als Konsumenten austoben. Für hinreichend Waren und Zerstreuung ist gesorgt. Das funktioniert leider recht planmäßig. Der schon zitierte Brecht hat die Obrigkeit beim Wort genommen: «Man hat gesagt, die Freiheit entsteht dadurch, dass man sie sich nimmt. Nehmen wir uns also die Freiheit, für den Frieden zu arbeiten!»

II.

Der Traum vom ewigen Frieden

Die Welt zwischen Sein und Nichtsein

Frieden muss ein besseres Geschäft sein als Krieg
Diskussionsbeitrag auf der Konferenz der Friedensbewegung «Ohne Nato leben» an der Humboldt-Universität in Berlin

(Mai 2022)

I.

Fragen nach der neuen Rolle der Nato oder nach dem Krieg als großes Geschäft, Fragen nach Vorgeschichten und nachträglichen Friedenslösungen – also quer zum Mainstream liegende Thesen und Antworten werden immer schwieriger. Wir befinden uns in einem vergifteten Diskursraum. Dazu gehört der Eindruck: *Jetzt befreit sich Deutschland von seinen Befreiern.* Und wer überhaupt noch solche Kontexte historischer Art herstellt, muss sich schon rechtfertigen. Wenn man an die Geschichte erinnert, wird unterstellt, man wolle in der Gegenwart die falsche Seite unterstützen. Man wolle relativieren, und das ist angeblich verwerflich. Dabei können wir nur dann zu einem gerechten Urteil kommen, wenn wir die Ereignisse in Relationen betrachten. Die Justiz macht nichts anderes. Allerdings weiß man von Gerichtsverhandlungen und Urteilen, dass es einen Ermessensraum gibt. Der zu blinden Flecken oder gar in die Falle des Gut-Böse-Schemas führen kann. Deshalb ist es so wichtig, dass wir uns von widersprechenden Diskursen nicht abbringen lassen.

Dass Entspannungspolitik als nicht mehr zeitgemäß gilt und die Friedensbewegung jetzt auch gegen Russland sein muss, ist bitter genug. Ein Aggressionskrieg wie der russische, darüber gibt es auch in der Friedensbewegung keine Meinungsverschiedenheit, ist die gravierendste Verletzung des Völkerrechts und durch nichts, auch nicht den Kontext der Vorgeschichte, zu rechtfertigen.

Aber eine der drängenden Fragen lautet, inwieweit das Völkerrecht überhaupt noch der Referenzraum ist, in dem diese Welt sich befindet und in dem dieser Krieg stattfindet. Das Völkerrecht war und ist für etliche vorherige, westliche Angriffskriege längst außer Kraft gesetzt. Deshalb gilt: Wer heute gegen Russland seine Stimme erhebt, muss noch lange kein Nato-Befürworter sein. Doch genau das, die blinde Befürwortung der Nato, wird verlangt und erwartet. Nach der schlichten Logik: Wer gegen die Doktrin der Nato ist, ist für Putin. Eine böswillige ideologische Unterstellung. Der politische Kampf gegen die Nato ist nicht automatisch eine Unterstützung Putins. Und vieles von dem, was in den letzten dreißig Jahren aus den Reihen der Friedensbewegung gegen die Nato gesagt wurde, hat weiterhin seine Gültigkeit.

II.

Wir wollen keinen russischen Diktatfrieden, aber wir wollen auch keinen Nato-Diktatfrieden. Der Maidan-Putsch hat uns gelehrt, wohin solche US-Einmischung führt. Längst liegen mehrere Vorschläge für Ausgangspunkte und Inhalte von Friedensverhandlungen vor, so auch von Italien. Die Initiatoren haben etwas eigentlich Selbstverständliches gemacht. Im Wesentlichen haben sie die Vorschläge, die schon von allen Seiten auf dem Tisch lagen, zusammengefasst und dazu aufgefordert, endlich miteinander zu sprechen und Kompromisse zu finden. Wahrscheinlich vergebliche Initiativen, wie zu befürchten ist. Hat man doch das Gefühl, dass die USA, oder eben die Nato, an einem schnellen Friedensschluss gar nicht interessiert sind. Weil nichts den Feind Russland so zermürbt wie ein langanhaltender Krieg, bei dem man selbst auf der Zuschauertribüne sitzt. Und die Ukraine ist aus dieser Perspektive, ungeachtet des unermesslichen Leids der Betroffenen, nur der Spielball.

III.

Wer jetzt über eine neue Friedensordnung nachdenken will, muss nicht bei null beginnen. Schon sehr viele kluge Menschen vor uns haben über Krieg und Frieden nachgedacht. Es sei erinnert an Immanuel Kants Schrift «Zum ewigen Frieden». Anregung für den Titel seines Werkes, so bekennt Kant gleich im ersten Satz, war das satirische Schild eines Gastwirtes. Unter dem Namen seines Lokals «Zum ewigen Frieden» war ein Friedhof gemalt. Kant räumte ein, was er für die entscheidende Hürde auf diesem Weg hielt: dass die Staatsoberhäupter des Krieges nie satt würden. Würde man aber die Staatsbürger entscheiden lassen, würden die sich sehr wohl überlegen, «ein so schlimmes Spiel anzufangen», denn sie müssten schließlich für alles die Kosten tragen. Und als würde er uns Heutigen die Leviten lesen, mahnte Kant: «Irgendein Vertrauen auf die Denkungsart des Feindes muss mitten im Krieg noch übrigbleiben, weil sonst auch kein Friede abgeschlossen werden könnte und die Feindseligkeit in einen Ausrottungskrieg (*bellum internecium*) ausschlagen würde», was «den ewigen Frieden nur auf dem großen Kirchhofe der Menschengattung stattfinden lassen würde».

Albert Einstein hat sich aus ähnlichen Überlegungen als «militanten Pazifisten» bezeichnet. In seinem Briefwechsel mit Sigmund Freud: «Warum Krieg?» schrieb er: «Die Massen sind niemals kriegslüstern, solange sie nicht durch Propaganda vergiftet werden.» Das ist die Situation, in der wir uns befinden. Als

Folge des kompletten Versagens von Politik. Es ist beängstigend, dass sich heute Pazifisten und Entspannungspolitiker rechtfertigen müssen – und nicht die, die uns in diese Situation gebracht haben

Freud war skeptischer als Einstein: Der Aggressionstrieb im Menschen sei nicht abzuschaffen, und der Glaube, dass der Mensch sich freiwillig der Vernunft beugen würde, eine Utopie. Dennoch plädierte Freud nicht für Resignation, sondern für Mut. Der Frieden sei eine kolossale moralische Anstrengung.

Das ist die Aufgabe, die vor uns steht. Eine enorme moralische Anstrengung gegen alle Widerstände, denen sich die Kritiker von Waffenlieferungen und Kriegspropaganda, die Kritiker der Nato und der USA, die Mitstreiter in der Friedensbewegung ausgesetzt sehen.

IV.

Wer vom Krieg profitiert, wird ihn nicht stoppen. Und das ist eine weitere zentrale Frage: Wer will diesen Krieg und wer will ihn wie stoppen? Am wenigsten wollen ihn all die, die am meisten darunter leiden. Dazu gehören vermutlich auch viele einfache Soldaten, denen auf beiden Seiten weisgemacht wird, das Leben des Vaterlands und der Machterhalt dessen Väter sei den eigenen Tod allemal wert.

Auch hierzulande mischen sich in die Rhetorik, wonach der Krieg nur durch einen Sieg der Ukraine beendet werden wird, eigene Interessen. Im Bundestag gibt es nur noch eine sehr kleine Opposition. Immerhin hat der DGB auf seinem Bundeskongress im Mai das 100-Milliarden-Sondervermögen zur Aufrüstung kritisiert und die Bundesregierung aufgefordert, nicht dauerhaft daran festzuhalten, den Rüstungshaushalt auf das Zwei-Prozent-Ziel der Nato aufzustocken. Auch sprach sich der DGB für eine breite gesellschaftliche Diskussion zum Thema aus. Bis heute fehlt eine Reaktion der Bundesregierung.

Also wer profitiert vom Krieg? Bertolt Brecht setzte der freudschen moralischen Herausforderung seine ernüchternde Prognose entgegen: «Es wird so lange Kriege geben, solange es noch einen Menschen gibt, der daran verdient». Zur «kolossalen moralischen Anstrengung», der wir uns stellen müssen, gehört die Frage nach den Interessen. Demnach wäre Brecht zu antworten: Frieden muss ein besseres Geschäft sein als Krieg!

Und was ein besseres Geschäft ist, das entscheiden durchaus Gesetzgeber. Sie haben die Mittel dafür in der Hand. Sie können subventionieren oder besteuern, sie können privatisieren oder vergesellschaften, sie können öffentliche Ausschreibungen machen. Sie haben Spielräume, sie können Richtungsentscheidungen treffen. Waffenpreise sind politische Preise. Sie haben nichts mit Marktwirtschaft zu tun. Und wenn Bahntrassen oder Windräder oder Brunnen oder Schulen ein besseres Geschäft sind als Kanonen, dann werden sie auch eine bessere Chance haben. Wer das für politisch naiv hält, den halte ich für zynisch.

Damals, im Jugoslawienkrieg, haben Fachleute berechnet: für das Geld, das dieser Krieg gekostet hat, hätte man allen Bewohnern des Kosovo ein Haus mit Swimmingpool bauen können. In so einem Land hätten sich die Menschen sicher auskömmlicher vertragen und hätten vielleicht Besseres zu tun gehabt, als einen Bürgerkrieg zu entfachen. Es ist also eine entscheidende Frage, wo Geldmittel hingehen.

V.

Die Darstellung, wir seien von Russland wegen einer friedlichen Gaspipeline abhängig, halte ich für einseitig. Nicht Russland hat begonnen, Gas als Waffe einzusetzen, sondern der westliche

Wirtschaftskrieg, der alles übertrifft, was seit dem Zweiten Weltkrieg an Sanktionen praktiziert wurde. Waren die Politiker so naiv zu glauben, dies würde ohne Gegenoffensive hingenommen? Offenbar funktioniert es nicht, den Krieg mit Hilfe der Sanktionen einzudämmen oder gar zu beenden. Doch mit diesem Ziel hat man die steigenden Kosten und die drohenden Einschnitte für die Bevölkerung begründet. Und sowieso: Wir werden auch weiterhin von Rohstoffexporteuren abhängig bleiben. Ob Fracking-Gas aus den USA oder Öl aus Katar und Saudi-Arabien – kein einziger der hektisch neu gewonnenen, größeren Öl- und Gaslieferanten hat eine moralisch saubere Weste, wirklich keiner. Selbst Norwegen hat 2011 widerrechtlich Libyen bombardiert.

Nicht verdrängen sollten wir zudem: Die Mehrheit der Staaten oder der Menschen auf dieser Welt befürwortet die sogenannte westliche Werteordnung nicht. Wir werden Energie immer irgendwo holen müssen, wo diese Werte nichts gelten. Übrigens auch deshalb nicht, weil sie auch bei uns nur bedingt eingehalten werden.

Die eigentliche Abhängigkeit kommt daher, dass wir einer Nuklearmacht gegenüberstehen. Dass wir deshalb gewisse Rücksichten nehmen und immerzu Luft anhalten müssen. Was, wenn diese kriegführende Nuklearmacht überzieht? Wie reagiert dann die nächste Nuklearmacht? Bringen sie uns tatsächlich auf den Kirchhof der Menschengattung? Das ist es doch, was den eigentlichen Schrecken in uns auslöst – die Abhängigkeit von der Laune der Atommächte.

VI.

Voraussetzung einer neuen Friedensordnung wäre eine Stärkung der UNO. In den letzten Jahrzehnten ist die UNO immer wieder bewusst geschwächt worden. Das Gewaltmonopol muss zur

UNO zurückkehren. Selbst innerhalb der Friedensbewegung ist nur wenig bekannt, dass laut Charta der Vereinten Nationen für einen bewaffneten Einsatz sehr viel mehr nötig ist als ein UNO-Mandat. Es gibt sieben weitere Punkte, die erfüllt sein müssen, bevor man einen bewaffneten Einsatz führen darf. Nach 1945, also solange es die UNO gibt, hat es noch nie einen militärischen Einsatz gegeben, der den Regeln der UN-Charta entsprach.[1]

Keine Schutzverantwortung der Nato hat je Schutz gebracht, keine humanitäre Intervention Humanismus. Die Alternative ist nicht Nichtstun. Als Beobachterin der Münchner Sicherheitskonferenz 2017 habe ich UN-Generalsekretär Guterres sagen hören, was in der Presse nie zitiert wurde: «Die größte Bedrohung für die Sicherheit ist das politische Establishment.»

Wir dürfen die bestehenden Strukturen nicht einfach hinnehmen. Nicht nur António Guterres will einen Umbau der UNO zu einer wirklich friedenserhaltenden Organisation. Und er hat daran erinnert, dass das Militär der größte Klima- und Sozialkiller ist. Bevor wir an einen neuen Frieden denken können, müssen Feindbilder abgebaut werden. Volksentscheide wären wichtig, um im Sinne von Kant eine Hemmschwelle für Gewalt zu setzen. Frieden ist zu wichtig, als dass man ihn den Politkern überlassen kann. Deshalb brauchen wir auch weiter eine starke Friedensbewegung.

1　Siehe hierzu ausführlicher den folgenden Beitrag: UN-Charta-Patrioten – ein neues Verständnis von Sicherheit

UN-Charta-Patrioten – ein neues Verständnis von Sicherheit
Warum es nach 1945 noch nie eine Charta-gerechte militärische Intervention gegeben hat

«Gewalt als Mittel der Politik kann als gescheitert angesehen werden», heißt es in diesem Plädoyer für die Einhaltung der UN-Charta. Dieser Befund wird gerade durch die Erfahrungen des Krieges in der Ukraine bestätigt.

———

(Juni 2021) Die LINKE ist die Stimme der Friedensbewegung im Bundestag, sie fordert ein Menschenrecht auf Frieden. Als einzige Partei lehnt sie es ab, sich an einer Regierung zu beteiligen, die die Bundeswehr zu Kampfeinsätzen ins Ausland schickt. Damit gilt sie für alle anderen Parteien als nicht regierungstauglich, ja wird von den Konservativen gar aus dem Spektrum demokratischer Parteien aussortiert. Schließlich erlaubt selbst die UN-Charta unter gewissen Voraussetzungen militärische Interventionen. Will die kleine LINKE moralischer sein als die große Weltgemeinschaft?

«Ich bin Völkerrechtlerin», zitiert der *Spiegel* Kanzlerkandidatin Annalena Baerbock. Schließlich hat sie ihren Master in Völkerrecht an der London School of Economics gemacht. Bewaffnete Einsätze der Bundeswehr sind bei den Grünen als Ultima Ratio möglich, aber «in das politische Gesamtsystem einzubetten», wozu ein Mandat der UNO gehöre. Hat man denn in London nicht gelehrt, dass es seit Existenz der UNO noch keine einzige Charta-gerechte Militärintervention gab? Weil diese als Voraussetzung nämlich sehr viel mehr verlangt als ein Mandat des Sicherheitsrates? Im öffentlichen Bewusstsein ist das tabuisiert, würde solches Detailwissen doch womöglich mehr als die inzwischen von der Politik zu vernachlässigende Friedensbewegung und die schwächelnde LINKE empören:

Nach den Schreckenserfahrungen des Zweiten Weltkriegs hielten es die Völker einst für nötig, sehr hohe Hürden aufzubauen, bevor je wieder militärische Gewalt angewendet werden dürfe. Der UN-Sicherheitsrat wurde mit größter Verantwortung betraut. Damit von den natürlichen Ressourcen der Welt «möglichst wenig für Rüstungszwecke abgezweigt wird», beauftragt ihn Artikel 26, Pläne für ein «System der Rüstungsregelung» vorzulegen. Dies ist nie geschehen. Mächtige Wirtschaftsinteressen haben es verhindert.

Warum ist Krisenprävention, Entwicklungshilfe, Frieden immer noch ein schlechteres Geschäft als Rüstung und Krieg? Am Frieden und am Krieg verdienen nicht die Gleichen. Letztlich entscheiden aber Parlamentarier und Politiker, wer woran verdient. Konfliktverhütung ist preiswerter als friedenserhaltende Maßnahmen, und diese sind wiederum preiswerter als Krieg. Die Bürger haben das längst verstanden. Seit Jahren lehnen quer durch alle Parteien über drei Viertel von ihnen jeglichen Rüstungsexport ab und bevorzugen friedliche Lösungen. Fragen sie ihre Kandidaten danach? Wird die völkerrechtlich gebotene Forderung der LINKEN, angesichts der Corona-Folgen weltweit die Militärausgaben um zehn Prozent zu kürzen, Befürworter finden?

Bei Konflikten empfiehlt Artikel 32, die Streitparteien an den Erörterungen des Sicherheitsrates ohne Stimmrecht teilnehmen zu lassen. Gewaltsame Lösungen stehen so lange nicht zur Diskussion, bis alle friedlichen Mittel nach Art. 33 ausgeschöpft sind: Verhandlung, Untersuchung, Vermittlung, Vergleich, Schiedsspruch, gerichtliche Entscheidung. Da sich in der Marktwirtschaft Verhältnisse am verständlichsten in Geldform ausdrücken lassen, bietet sich folgende Formel für hinreichende Konfliktverhütung an: Erst wenn genauso viel für zivile Vorsorge wie für militärische Vorsorge, also für Rüstung, Manöver und Angriffsplanung, ausgegeben wurde, kann behauptet werden, die friedlichen Mittel ausgeschöpft zu haben. Nach Angaben des Forums Ziviler Friedensdienst gibt die Bundesrepublik derzeit fast tausend Mal so viel für Militär aus wie für zivilen Friedensdienst. Und das in einer Welt, in der Unterernährung, Seuchen und heilbare Krankheiten jährlich mehr Menschen das Leben kosten als der Zweite Weltkrieg in sechs Jahren. Artikel 33 ist unerfüllt geblieben.

Artikel 94 drückt die Erwartung aus, dass sich die streitenden Parteien den Entscheidungen des Internationalen Gerichtshofes unterwerfen. Dem haben sich die meisten Großmächte entzogen. Auch diese völkerrechtlich vorgesehene Regel zur vorbeugenden Gewaltverhütung ist also weitgehend Wunschdenken geblieben.

Erst wenn all diese Anstrengungen vergeblich unternommen wurden, sieht der vielzitierte Artikel 42 zur Wahrung des Weltfriedens auch den Einsatz von Militär vor. Dass dabei hauptsächlich an «Demonstrationen und Blockaden» gedacht ist, wird eher selten zitiert. Wenn linke Sicherheitspolitik die «Ächtung jeden Krieges» ernst nimmt, so wie sie schon 1928 im Briand-Kellogg-Pakt völkerrechtlich fixiert wurde, so dürften die «militärischen Sanktionsmaßnahmen» nach Kapitel VII der UN-Charta logischerweise keine Kriege sein.

Im öffentlichen Bewusstsein ist auch nicht, dass die Artikel 43 und 45 «Sonderabkommen» vorsehen, die dem Sicherheitsrat Streitkräfte der Mitgliedstaaten und Kontingente ihrer Luftstreitkräfte zur Verfügung stellen. Für die strategische Leitung dieser Streitkräfte ist nach Artikel 47 der Sicherheitsrat zuständig, der wiederum einen «Generalstabsausschuss» bilden sollte, der ihn berät. Ein solcher Ausschuss ist nicht aktiv geworden,

Streitkräfte, die wie in der Charta vorgesehen von der UNO kommandiert werden, hat es nie gegeben.

Kein Wunder, dass auch die nach Artikel 46 vom Sicherheitsrat verlangten «Pläne für die Anwendung von Waffengewalt» nie zustande kamen. Solche vorab vorzulegenden Pläne hätten zum Beispiel verhindern können, dass zahlreiche Nato-Länder das Mandat zur Einrichtung einer Flugverbotszone zum Schutz der libyschen Bevölkerung zum blutigen Regime-Change missbrauchen, der das Land bis heute in Chaos und Elend gestürzt hat. Das Völkerrecht sieht jedenfalls nicht vor, die US-dominierte Nato als Exekutivorgan von UN-Beschlüssen zu nutzen.

Seit 1953 haben die USA mit illegalen Putschen und Kriegen im Iran, in Guatemala, Ägypten, Vietnam, Laos, Kambodscha, Chile oder Nicaragua zweifelsfrei bewiesen, was sie vom Völkerrecht halten. Im Moment des größten Sieges der Nato, nach Auflösung des Warschauer Pakts und der Sowjetunion, war ihr Zweck erfüllt und wurde folgerichtig ihre weitere Existenzberechtigung in Frage gestellt. Vermieden werden konnte das durch eine völlig neue Strategie, vom Verteidigungsbündnis zum Weltpolizisten, der die Partikularinteressen seiner Mitglieder offensiv vertritt. Es ging um die erklärte Absicht der Nato, die «humanitäre Intervention» als Ausnahme vom geltenden Gewaltverbot als Gewohnheitsrecht durchzusetzen. Die sogenannte Schutzverantwortung gegenüber Völkermord wurde in den Feuilletons der westlichen Wertegemeinschaft als Triumph der Menschenrechte gegenüber dem geltenden Völkerrecht gefeiert.

Die Definition von Genozid ist seit Jahrzehnten umstritten und offensichtlich für eigene Interessen instrumentalisierbar. Keine einzige «Schutzverantwortung» hat Schutz gebracht, keine «Humanitäre Intervention» Humanismus; weder Frieden noch westliche Demokratie noch Wohlstand. Den 20 Jahre währenden Krieg in Afghanistan hat die Nato verloren, ein glanzloser Abzug. Krieg zynisch «peace-enforcing» zu nennen, wagt kaum noch jemand. Gewalt als Mittel der Politik kann als gescheitert angesehen werden. Um den Menschenrechts-Bellizismus ist es still geworden. An «Gewohnheitsrecht» darf man sich nicht gewöhnen. Pacta sunt servanda. Sonst haben wir keine Völkerrechtsordnung mehr.

Was bleibt, ist das Dilemma, dass man den weltweiten Verstößen gegen Menschenrechte nicht tatenlos zusehen kann. Weshalb die Kanzlerkandidatin der Grünen weiter militärisch intervenieren will. Die Regeln des Völkerrechts sollen geändert werden, so dass auch gegen das Veto einer Großmacht mit Waffengewalt eingegriffen werden kann. Doch allein die Pseudoalternative Krieg oder Nichtstun zeigt die gewollte Phantasielosigkeit. UN-Generalsekretär António Guterres versucht einen Umbau der UNO einzuleiten. Er strebt einen «sustaining peace» an, der strukturelle Konfliktursachen, wie Verteilungskämpfe, eindämmt und friedenserhaltende Hilfe anbietet. Da wird auch über eine Erweiterung des Mandats von Blauhelmen nachzudenken sein, bis hin zur Entwaffnung von Bürgerkriegsparteien. Doch schon ihre schnelle Entsendung in Krisengebiete als Beobachter und Helfer für Opfer demonstriert den Machthabern, dass dem Internationalen Gerichtshof nichts entgehen wird. Das wird nach den Prozessen der letzten Zeit nicht wirkungslos bleiben.

Die strikte Ablehnung von Militäreinsätzen im Ausland ist unter den jetzigen Bedingungen ganz und gar vom Völkerrecht gedeckt. Ja sie ist Ausdruck eines unmissbräuchlichen Verhältnisses zum Recht. Könnte eine solche gemeinsame Haltung nicht zur dringend benötigten Attraktion in der grün-rot-rosanen Wählerschaft werden? Rüstung, Militärstützpunkte, Manöver und Kriege sind mit Abstand die größten Klimakiller, sie machen alle guten Absichten zunichte. Und sie sind genauso der größte Sozialkiller, der dem Versprechen, das Gesundheitswesen dem Profitstreben durch Übergabe in die öffentliche Hand entziehen zu wollen, genauso zuwiderläuft wie der Zusage, dem wirtschaft-

lichen Stimmungstief der Leistungsträger nach Corona entgegen-
zuwirken. Kernthemen von G-R-R, die im Sorgen-Barometer der
Deutschen ganz oben stehen, also wahlrelevant sind.

Alle drei Parteien könnten sich mit einem neuen Verständnis von Sicherheit offensiv als UN-Charta-Patrioten profilie-
ren. Die SPD drückt sich in dem Entwurf ihres Wahlprogramms
ganz um den Stolperstein Auslandseinsätze und ist vielleicht
für Argumentationshilfe dankbar. Die LINKE hat angekündigt,
bei dem heiklen Thema diskussionsfähig zu sein, was hellhörig
gemacht hat. Aber gut: Auslandseinsätze nur dann, wenn zuvor
sämtliche Bedingungen der UN-Charta erfüllt sind. Tipp an Frau
Baerbock: Völkerrecht ist unteilbar. Nicht nur das zu akzeptieren, was einem gerade passt, ist vorerst der sicherste Weg, nie
einem Auslandseinsatz der Bundeswehr zustimmen zu müssen.

Brauchen wir die USA noch?
Amerika als Schutzpatron der freien Welt – das ist die Lebenslüge der alten Bundesrepublik

Diese Frage wurde mir eineinhalb Jahre vor dem Krieg in der Ukraine gestellt. Und ich fand Gründe, sie in Richtung Emanzipation zu beantworten. Heute ist Europa durch den russischen Überfall, die amerikanischen Rüstungsauflagen und die europäische Energieknappheit wegen der Sanktionen von den USA so abhängig wie lange nicht mehr. Wie falsch kalkuliert die russische Strategie ist, zeigt sich auch daran, dass sie einzig der Strategie ihres Hauptgegners nutzt. Diese ist immer wieder hemmungslos dargelegt worden, am unverblümtesten zuletzt von George Friedman, einem der bekanntesten US-Politologen, in seiner Rede vor dem Chicago Council on Global Affairs am 4.2.2015. «Das Hauptinteresse der US-Außenpolitik während des letzten Jahrhunderts, im Ersten und im Zweiten Weltkrieg und im Kalten Krieg, waren die Beziehungen zwischen Deutschland und Russland. Vereint sind sie die einzige Macht, die uns bedrohen kann. Unser Hauptinteresse war sicherzustellen, dass dieser Fall nicht eintritt … Die Urangst der USA ist, dass deutsches Kapital und deutsche Technologien sich mit russischen Rohstoffen und russischer Arbeitskraft verbünden. Eine einzigartige Kombination, vor der die USA seit Jahrhunderten eine Höllenangst haben.»
Um dies zu verhindern, würden die USA einen eigenen Sicherheitsgürtel um Russland aufbauen. «Russland glaubt, die USA beabsichtigen, die Russische Föderation zu zerschlagen. Ich denke, wir wollen sie nicht töten, sondern ihnen nur ein wenig wehtun.» Unlängst habe der Oberbefehlshaber

der US-Armee von Europa Orden an die ukrainischen Kämpfer in der Ukraine verteilt, obwohl es gegen das militärische Protokoll verstoße. «Doch er tat das, weil er zeigen wollte, dass die ukrainische Armee seine Armee ist.» Die auch mit Waffen beliefert würde. Friedman schien zufrieden über Konflikte wie in Jugoslawien und nun auch in der Ukraine. Europa müsse zum «menschlichen Normalfall» zurückkehren, wonach man seine Kriege hat und seine Friedenszeiten. Darin sind die US-Regierung und ihr Pentagon dank russischer Hilfe gerade sehr erfolgreich. Die angeführten Gründe, sich die USA auf Distanz zu halten, haben sich dennoch nicht erledigt.

———

(November 2020) Von den USA lernen heißt sich emanzipieren lernen. Ja, wir brauchen die Vereinigten Staaten, um gewarnt zu sein, wie eine sich permanent gegen die Menschenrechte versündigende Großmacht mit unilateralem Anspruch untergeht. Und welchen Frust Respektlosigkeit, Unterdrückung, Rassismus und Armut an der Basis auslöst. Kein Land der Welt sperrt so viele Menschen hinter Gitter. Weil es nicht mit den Problemen fertigwird, die zu Kriminalität führen.

Dankbar bin ich bis heute in der Tat für die Anstrengungen in der Anti-Hitler-Koalition. Doch gleich danach galt die Losung: Kapitalismus first. Als sich in allen deutschen Besatzungszonen die Menschen mit starken Mehrheiten für die Verstaatlichung der NS-verstrickten Großindustrie aussprachen, wussten dies die Amerikaner zu verhindern. Dafür musste die Bundesrepublik keine Reparationen zahlen und hat den Marshallplan bekommen. Seither wird hierzulande ein verklärtes Amerika-Bild gepflegt. Der Psychoanalytiker Horst-Eberhard Richter sprach von einer «nach dem Krieg umgepolten Hörigkeit». Der beidseitige totalitäre Antikommunismus erleichterte die Anschlussfähigkeit.

Das tat auch der demonstrative *American Way of Life*, die begeisterungsfähige Form von Indoktrination. Amerikaner sind für unsereins ungewohnt freundliche Menschen, es gibt tapfere NGOs, phantastische Universitäten und tolle Autoren. Aber sie alle stören nicht systemrelevant. Ist es nicht ein Werte-Treppenwitz, dass dem berühmtesten Verbreiter von Wahrheit auf Druck der USA von der ganzen westlichen Welt die Tür gewiesen wird und er eine Art Freiheit nur in Russland findet?

Wenn ich in unseren Medien nach der Wahl von Joe Biden höre, nun könne man Amerika wieder lieben und unsere Politiker die Wertegemeinschaft als gerettet ansehen, stehen mir die Haare zu Berge. Der ungebrochene Glaube daran, dass Amerika der Schutzpatron der freien Welt ist, scheint sich als Lebenslüge der Bundesrepublik trotz allem gehalten zu haben.

Dabei hat seit dem Zweiten Weltkrieg kein anderer Staat so viele Angriffskriege geführt und so ignorant gegen Recht und Völkerrecht verstoßen wie die USA. Watergate und Waterboarding. Das nunmehr Trumpismus genannte Phänomen hat es schon immer gegeben. Nachdem ein US-Kriegsschiff einen iranischen Airbus mit 290 Zivilisten abgeschossen hatte, erklärte der damalige Vizepräsident Bush weit unter Cowboy-Niveau: «Ich werde mich nie für die Vereinigten Staaten entschuldigen. Es interessiert mich nicht, wie die Fakten sind.»

Intellektuell beschränkte, Andersdenkende denunzierende und arbeitsunlustige Präsidenten wie etwa Ronald Reagan waren nicht selten populär – politische Anspruchslosigkeit gilt in weiten Kreisen der USA eher als Tugend denn als Mangel. Das fragwürdige amerikanische Wahlsystem hat nicht nur einen Trump ermöglicht. Nach seiner beispiellosen, vierjährigen Performance konnte er im zweiten Anlauf 70 Millionen Wähler überzeugen, acht Millionen mehr als beim ersten Mal.

Der Traum vom ewigen Frieden

Joe Biden mag angenehmer, zivilisierter und staatsmännischer auftreten – aber er kann gar nicht anders, als ein Mann der Wall Street zu sein. Nachdem sich die USA mit fünf Millionen Dollar an der langfristigen Vorbereitung des blutigen Putsches auf dem Maidan beteiligt hatte, war der Vorstandsposten für Sohn Hunter in der ukrainischen Gasfirma Burisma kein Fake von Trump. Lukrative Posten für die eigenen Leute, wie in diesem Fall auch ohne Fachkenntnisse, sind legaler Lobbyismus. Auch zwei Mitarbeiter von US-Außenminister Kerry standen schon auf der Gehaltsliste von Burisma. Der neue Präsident wird all die Korruption, die Interventionen und Kriege weder aufarbeiten noch künftig verhindern. Alles für eine friedliche Zusammenarbeit auf gleicher Augenhöhe, aber vor Erpressbarkeit durch die Supermacht, wie bei Nord Stream 2 oder Rüstungszusagen, muss man sich schützen. «Mehr Verantwortung übernehmen» ist Orwellsche Sprache, denn verantwortungsloser, als aufzurüsten, kann man in diesen Zeiten von Pandemie und Klima-Kollaps kaum sein. Also wir brauchen Amerika, um zu verstehen, wie wichtig eine Wertegemeinschaft aller Staaten auf europäischem Territorium für uns ist.

Der Befreiung ausgesetzt
Ist den Deutschen der Faschismus am 8. Mai 1945 nur weggenommen worden?

Dieser Essay zum 75. Jahrestag der Befreiung versucht zu beschreiben, dass im Lande noch immer ein falscher Sicherheitsbegriff dominiert und gegen die eigentlichen Bedrängnisse zu wenig getan wird. Diese Diagnose ist leider gültig geblieben. In dem Kontext befand ich: «Das Leben auf dem Globus ist wahrlich von anderen Gefahren bedroht als dem russischen Bären.» Das würde ich heute nicht mehr so schreiben. Ich bin erschüttert zu sehen, wie sehr es der russischen Politik derzeit gelingt, all die diffamierenden Klischees, die antislawistische und antikommunistische Ideologen jahrzehntelang gepflegt haben, zu Wirklichkeit werden zu lassen. Dass sie damit all jenen in den Rücken fällt, die diesen Zuschreibungen immer widersprochen haben, ist noch das geringste Problem.

Bei der Suche nach den Gründen gerät man derzeit in heftige Strudel, die einen mal unter Wasser drücken, mal Oberwasser gewähren. Wie groß ist die zu beobachtende Versuchung, das Aggressive in sich selbst auf das Gegenüber zu projizieren und es im Anderen zu bekämpfen, um sich als das alleinig Gute zu präsentieren?

Es wäre jedoch eine Kapitulation vor dem eigenen Urteilsvermögen, sich dahingehend zu korrigieren, dass «der Russe» eben schon immer Iwan der Schreckliche war. Doch sind die zutreffenden Nachweise für die einstige Zusammenarbeit als Alliierte, die sich durch die folgende Systemauseinandersetzung bald steigernden Demütigungen und Provokationen, die sich anschließende erfolgreiche Etappe der Entspannungspolitik und schließlich die Ignoranz gegenüber all den Angeboten zu weiterer, friedlicher Kooperation ein hinreichender Gegenbeweis? Haben Wladimir Putin und sein innerer Zirkel jetzt Logik und Handlungsmuster des Westens angenommen? Was immer geschieht – wir werden den Völkern der einstigen Sowjetrepubliken immer das Engagement für einen antifaschistischen Frieden schulden, für den sie Millionen und Abermillionen Menschenleben geopfert haben.

———

(Mai 2020) Einst bildeten die UdSSR und die Westalliierten eine Art antifaschistische Wertegemeinschaft – im Krieg, in der Moskauer Deklaration von 1943 wie auch danach im Londoner Statut, der Rechtsgrundlage für die Nürnberger Prozesse. Nachdem die Deutschen es selbst nicht geschafft haben, sind sie vor 75 Jahren von außen vom politischen System des Faschismus befreit worden. Die Hauptlast trug die Rote Armee, was in bundesdeutschen Medien und Schulbüchern lange unerwähnt blieb. Allein in der Schlacht um Berlin haben 73 000 Rotarmisten ihr Leben verloren. Junge Kerle und hohe Generäle, auch Frauen. Doch von Ideologie zu befreien, ist noch schwerer. Auch wenn der deutsche Angriff auf die Sowjetvölker mehr als doppelt so viel Menschenleben ausgelöscht hat wie im ganzen übrigen Europa – der völkische Geist und antisemitische und antislawische Einstellungen sind bis heute teilweise tief verwurzelt. Die Deutschen sind vom Faschismus nicht befreit worden, sagten mir nach der Wende jüdische Freunde, er ist ihnen nur weggenommen worden.

Das Wegnehmen lief im russisch besetzten Osten Deutschlands drastischer. Hier hatte in hoher Regierungsverantwortung kein Nazi eine Chance, es wurden doppelt so viele Kriegsverbrecher verurteilt wie im Westen, obwohl sich dahin die meisten geflüchtet hatten. Der besonders NS-verbundene ostelbische

Landadel und die zu Diensten gewesenen Banken und Großindustrien wurden enteignet. Der Geschichtsunterricht war vom ersten Tag an antifaschistisch. Offensichtlich belastete Lehrer wurden gegen eine ganze Generation von «Neulehrern» ausgetauscht. Die übrigen Mitläufer oder kleinen, in Ausnahmen auch mittleren NS-Funktionäre hatten unter dem Schutzschirm des Antifaschismus unausgesprochen, aber überprüfbar zu versprechen, nie wieder auf die faschistischen Verirrungen zurückzukommen. Damit konnten sie leben, viele hatten Schlimmeres erwartet. Andere Verordnungen sind weniger widerspruchslos hingenommen worden.

Die Volkskammer beschloss schon 1950, den 8. Mai als «Tag der Befreiung» in der DDR zum gesetzlichen Feiertag zu erklären. In der BRD brauchte es bekanntlich weitere 35 Jahre, bis ein Richard von Weizsäcker in seiner berühmten Bundestagsrede diese Lesart anempfehlen konnte. Gar einen Feiertag vorzuschlagen, lag jenseits alles Denk- und Wünschbaren. Selbst wenn die 39. UN-Vollversammlung 1985 gleichzeitig, zum 40. Jahrestag des Kriegsendes, auf Vorschlag der DDR den 8. und 9. Mai zu Ehrentagen des Sieges über Nazismus und Faschismus im Zweiten Weltkrieg und des Kampfes gegen neofaschistische Erscheinungen erklärt hat. Für einen solchen Ehrentag hätte die staatliche Traditionspflege erstmalig in der Bundesrepublik mit allen NS-Hinterlassenschaften brechen müssen – was sie bis heute nicht getan hat. Dafür sorgte schon der «totalitäre Antikommunismus», den Günter Gaus seinen Landsleuten oft bescheinigte. Der Antibolschewismus war mit Beginn des Kalten Krieges Staatsdoktrin, gerade auch durch den McCarthyismus der westlichen Schutzmacht USA. In Westdeutschland war er das, was man nicht nur ungestraft, sondern mit breitem gesellschaftlichem Konsens aus dem Faschismus übernehmen durfte. Im Lichte der Bedrohungsszenarien des Kalten Krieges wurde 1949 die Nato gegründet, mit dem einzigen Ziel, den Kommunismus zu bekämpfen. Bundesdeutsche Schulbücher der 50er und 60er Jahre verbreiteten Furcht und Schrecken vor dem aggressiven russischen Bären, aber nahmen sich auch die anglo-amerikanischen Sieger vor. So wird im «Geschichtlichen Unterrichtswerk» für die Oberstufe (Blutenburg-Verlag München, 1954) den Westmächten vorgeworfen, dass sie, statt den Faschismus zu bekämpfen, nicht die Sowjetunion als «immer gefährlicher werdenden Störungsfaktor, der national-slawistische und international-kommunistische Ziele verfocht», bekämpften. Stattdessen hätten sich Churchill und Roosevelt 1943 in Casablanca auf die Forderung der bedingungslosen Kapitulation Deutschlands geeinigt. «Noch entmutigender für jeden deutschen Vaterlandsfreund» war in dem Geschichtsbuch der Morgenthau-Plan, der die «völlige Vernichtung der deutschen Industrie» nach Kriegsende vorsah. «Damit wurde aus dem Hitler-Krieg wie von selbst ein deutscher nationaler Verteidigungskampf». So also schrieb man in deutschen Schulbüchern einen Raub- und Vernichtungskrieg wie von selbst in Verteidigung um.

Die Von-selbst-Geschichtsschreibung wurde etwa auch im Grundriss der Geschichte für die Höheren Schulen (Ernst Klett Verlag Stuttgart, 1964) fortgeschrieben. Dort wird der Sowjetunion, als habe es den Zweiten Weltkrieg und all die Menschenrechtsverbrechen von Wehrmacht und SS nie gegeben, ein «argwöhnisches Sicherheitsbedürfnis» angelastet. Das habe dazu geführt, dass die Sowjetunion – «trotz radikaler Abrüstung der Westmächte – bereits 1945 ein riesiges Rüstungsprogramm in Angriff nahm». (Wenn das sofort nach Kriegsende möglich war, waren die deutschen Verheerungen vor allem in Belarus, Russland und der Ukraine wohl nicht so schlimm.) In den ersten Nachkriegsjahren zeichnete sich dann laut Lehrbuch «der globale Sieg der Weltrevolution drohend ab». Und diese Revolution würde dem Faschismus in nichts nachstehen. In ihrem empfehlenswerten, unlängst erschienenen Buch «Von den Deutschen lernen», schreibt Susan Neiman: «Je übler die Bolschewiki heute erscheinen, desto besser sehen die Nazis im Rückblick aus. Wenn Faschismus und Kommunismus dasselbe sind, haben Vater und Großvater nicht doch das Böse bekämpft?»

Keine «humanitäre Intervention» hat Humanität gebracht

Nach 1989 war das einstige Feindbild plötzlich abhandengekommen. Doch die Chance für ein gemeinsames Sicherheitssystem von Lissabon bis Wladiwostok wurde vertan. Der sang- und klanglose Abgang des Warschauer Pakts, bis dahin Hauptfeind der Nato, hat nicht den ewigen Frieden gebracht. Seit sich keine feindlichen Blöcke mehr gegenüberstehen, sind die Rüstungsausgaben weltweit um 80 Prozent gestiegen, die Zahl der bewaffneten Konflikte nahm rapide zu. Krieg ist als Instrument der Politik zurückgekehrt. Im Kostüm der «humanitären Intervention», die niemals befriedet. Dafür beträgt der Gewinn des internationalen Waffenhandels so viel wie das Einkommen der Hälfte der Weltbevölkerung. Zumindest diese Hälfte ist sicher dagegen – aber welchen Einfluss hat sie?

Am 8. Mai 2015 erlebten wir, wie sich die Bundesregierung wegen Putins trickreicher Zurücknahme der Krim nicht nur um den symbolischen Dank drückte, sondern ihre Sanktionen und den Boykott auch noch mit pädagogischem Eifer präsentierte: Benehmt euch gefälligst so, dass ihr unsere Wertschätzung verdient. Dass «den Deutschen die Erfahrung der schuldbeladenen Vergangenheit nicht verloren gehen dürfe», wie Bundespräsident Steinmeier forderte, musste als frommer Wunsch bezweifelt werden.

Zum 75. Jahrestag der Befreiung werden die Gedenkfeiern ins Virtuelle verlegt. Aus Sicherheitsgründen. Kurz zuvor hatte noch das größte Nato-Manöver der letzten Jahrzehnte begonnen, das massenhaft Waffen und Soldaten einflog, gegen jegliche Bedrohung. «Defender» bedeutete, mehrere Tausend Kilometer an die russische Grenze zu rollen, um dort abzuschrecken. Ein Marsch von 28 Staaten gen Osten – was für eine überflüssige Drohgebärde, welch verheerender Beitrag zur Klimakatastrophe und Verschwendung von Ressourcen. Über eine Billion Dollar gibt die Nato jährlich für Rüstung und solchen Unfug aus – «hirntot» hieß die Diagnose von Präsident Macron, «eine verbliebene Institution des Kalten Krieges, im Denken und im Herzen», die von Russlands Außenminister Lawrow.

Doch plötzlich tauchte ein unsichtbarer Feind auf, der unter jedem Radar hindurchflog, sich von nichts abschrecken ließ und todbringend das öffentliche Leben auf dem Globus lahmlegte. Schwer bewaffnete Soldaten traten kleinlaut die Heimreise an. Kriegsschiffe drehten unverrichteter Dinge auf dem Atlantik um. Blamabler ließ sich ein falsches Konzept von Sicherheit nicht vorführen. Das Leben auf dem Globus ist wahrlich von anderen Gefahren bedroht als dem russischen Bären. Von Pandemien, Klimaverheerung, Armut, Bürgerkriegen, Fluchtbewegungen, auch Flucht in Faschismus.

Wir sollten nicht darauf hoffen, wieder um den Preis von Abermillionen Toten befreit zu werden. Es geht nicht darum, Krieg zu gewinnen. Der Friede muss gewonnen werden.

Eine «Herdenimmunität» gegen rechts ist nicht zu erwarten
10 Forderungen an die Politik nach Hanau. Was Politik und Behörden nach den rechtsextremistischen Morden dringend tun müssen: Programm der Entnazifizierung

(März 2020) Die Opfer von Hanau sind beerdigt. Der Schmerz ist nicht zu vergraben. Die Angst vor dem braunen Virus ist durch keine Ausgangssperre aufzuhalten. Bundespräsident Steinmeier sprach nach den Anschlägen davon, man müsse jetzt «dem Hass die Stirn bieten». Wessen Stirn? Damit es nicht die des nächsten Opfers sein wird, hat die Zivilgesellschaft mit spontanen Solidaritätsbekundungen reagiert und den Protest auf die Straße getragen.

Die regierenden Politiker haben ihren rituellen Trauer-Bekundungen keine praktischen Konsequenzen folgen lassen, obwohl dafür vor dem Pandemie-Notstand noch Zeit gewesen wäre. Sie haben offenbar nicht das Bewusstsein davon, wie tief einzelne staatliche Bereiche selbst Teil des Problems sind. Und damit für derart rassistische Angriffe mitverantwortlich. Die Hanauerin Newroz Duman vom Aktionsbündnis «We'll come united» hat in ihrer Trauer ein «Programm der Entnazifizierung» erbeten, in Behörden, Schulen, Ämtern, Parteien und Parlamenten. Auch diese Einrichtungen haben auf die dringliche Bitte bisher nicht reagiert. Sie erlaubt aber keinen Aufschub bis zur Gesundung der Nation – auf eine «Herdenimmunität» gegen rechts kann nicht gehofft werden. Daher seien hier erste konkrete Forderungen umrissen, die jederzeit zu ergänzen sind.

1. *Reform des Geheimdienstes.* Selbst auf der Website des Bundesamtes für Verfassungsschutz wird der Rechtsextremismus bis heute verharmlost. «Geistige Brandstifter» sind dort nur Linksextreme. Sie wollen angeblich die Freiheitlich Demokratische Grundordnung gänzlich beseitigen, die Rechten nur «wesentliche Kontrollelemente». Die von der Amadeu Antonio Stiftung genannten 208 Todesopfer durch rechte Gewalt seit 1990 werden bis auf die unumgängliche Erwähnung der NSU-Urteile verschwiegen, während Linksextremisten eine beabsichtigte «Radikalisierung der Massen» unterstellt wird, die den «möglichen Tod von Menschen» billigend in Kauf nimmt. Auch wenn es im Vergleichszeitraum, soweit bekannt, kein einziges Tötungsdelikt durch linke Extreme gegeben hat.

   Das Rechtsextremismus-Potential der AfD wird mit keinem Wort erwähnt. Wenn sich der radikale Flügel zum Schutz vor Beobachtung in die Gesamtpartei zurückzieht, muss zwangsläufig diese beobachtet werden. Schluss stattdessen mit Politikberatung für Faschisten, mit Geld für und Schutz von V-Leuten, die die Szene unter dem Vorwand des Aushorchens erst aufbauen, ermutigen, bewaffnen und stabilisieren. Aufhebung der bis zu 120 Jahre Sperrfrist für Akten über rechtsextreme Straftaten, die selbst der Bundesanwaltschaft verunmöglicht, Akteneinsicht zu nehmen. Was einem Bruch des Legalitätsprinzips gleichkommt.

2. *Rechtsextreme Netzwerke in der Polizei* sind offenzulegen, Gewalt gegenüber friedlichen Demonstranten gegen rechte Demos ist strafrechtlich zu verfolgen. Linke dürfen mit der Blockade von Rechtsextremen nicht ein größeres Risiko eingehen als Rechte mit der Blockade der Zivilgesellschaft. Reaktion auf die Forderung des BKA, die Veröffentlichung von Feindes- und Todeslisten im Netz schärfer zu ahnden.

3. *Gesetzgebung und Rechtsprechung* sind ein dynamischer Prozess. Die Judikative muss, auch durch Hinweise aus der Exekutive, einschlägige Gesetze überprüfen, ob sie noch hinreichenden Schutz vor tödlichem Rechtsextremismus bieten. Faschismus ist keine Meinung, sondern ein Verbrechen. Wird der Verlauf der sensiblen Trennlinie zwischen Meinungsfreiheit und Volksverhetzung noch der gebotenen Gefahrenabwehr gerecht? Ein Kasuistik-Diskurs sollte vermeiden, dass bei engerer Grenzziehung auch nichtextremistische Freiräume verloren gehen.

Müssen Parolen, die verbrecherische Organisationen verherrlichen, wie «Ruhm und Ehre der Waffen-SS», erlaubt sein? Ist es hinnehmbar, dass ein NPD-Wahlplakat mit der Aufschrift STOPPT DIE INVASION: MIGRATION TÖTET! nicht als Volksverhetzung gilt? Warum ist niemand von dem Mob, der z. B. in Rostock-Lichtenhagen unter Mitwirkung von V-Leuten Asylbewerberheime angezündet hat, bestraft worden? Stattdessen wurden die Asylgesetze verschärft.

Haben sich Gesetze bewährt, die Privatpersonen weitgehend ungeprüft nicht nur den Besitz, sondern auch die Aufbewahrung von Waffen erlauben, statt diese grundsätzlich in gut gesicherten Gemeinschaftseinrichtungen zu verwahren?

4. Eine immer wieder abgelehnte *Antifaschismus-Klausel* gehört ins Grundgesetz. Eine Staatszielbestimmung gäbe den Parlamentariern eine ganz andere gesetzgeberische Kraft. Die Wiederbelebung von NS-Ideologie wäre verfassungswidrig. Zudem sind die gemeinnützigen Zwecke der Abgabenordnung zu novellieren. Bürgerbewegungen wie attac oder Campact dürfen nicht durch finanzielles und moralisches Trockenlegen von demokratischen Mitbestimmungsinitiativen abgehalten werden. Besonders kontraproduktiv angesichts der Bedrohung von rechts ist, dass der Vereinigung

der Nazi-Verfolgten VVN-BdA vom Berliner SPD-Finanz-senator die Nützlichkeit für die Gemeinschaft aberkannt wurde. Und das mit kritikloser Übernahme der rein statistischen Begründung des bayerischen Verfassungsschutzes, es seien unverhältnismäßig viele Kommunisten in dem Verein. Selber schuld, wer verfolgt worden ist. Im notorischen Antikommunismus dürfen nicht weiterhin ungebrochen NS-Überzeugungen fortleben.

5. Aberkennung der Titel von *Ehrendoktoren mit belasteter NS-Vergangenheit*. Wie die des ersten Ehrendoktors der Humboldt-Universität nach der Wende, Wilhelm Krelle. Seine Mitgliedschaft in der Waffen-SS, untermalt mit belegten Äußerungen über die glühende Anhängerschaft zur «Idee unseres Führers» von «unserem Großgermanischen Reich», gilt mit der Ehre eines Akademikers – im Gegensatz zu schlichten Plagiatsvorwürfen – als vereinbar. Diesem radikal-antikommunistischen Ökonomen war diese Ehrerweisung in der alten Bundesrepublik zuvor schon fünfmal verliehen worden.

6. Die *staatliche Traditionspflege* muss erstmalig in der Bundesrepublik mit allen NS-Hinterlassenschaften brechen. Nicht einmal die damalige Verteidigungsministerin Ursula von der Leyen kam gegen das eingerostete Heldenbild der Armee an. Der wohl bekannteste Soldat des völkermordenden Zweiten Weltkrieges, der umstrittene Heerführer Erwin Rommel, Teilnehmer am Polenfeldzug und Kommandant der Truppen zur Abwehr der Alliierten in der Normandie, Führer des deutschen Afrikakorps, von Goebbels als Wüstenfuchs ikonisiert, der nach der verlorenen Schlacht von El Alamein unzählige todbringende Tellerminen im ägyptischen Sand hinterließ, gilt immer noch als ehrenwerter Namensgeber für zwei Kasernen und 13 öffentliche Straßen.

Auch, weil ihm später eine Widerstandslegende angedichtet wurde, die er selbst bestritt. Die Forschung hat ihn längst als willfähriges Werkzeug im Dienst des Völkermordes entlarvt. Wie auch den ihm untergebenen Generalleutnant Hans Speidel, der in Frankreich mitverantwortlich war für Geiselerschießungen, Verfolgung von Juden und Résistance-Kämpfern und deshalb auf Druck von Charles de Gaulle 1963 seine Nato-Funktionen aufgeben musste. Er widmete sich fortan der Legende von der sauberen Wehrmacht und wird bis heute mit einem Kasernennamen belohnt.

Der Namensgeber des Bundeswehr-Luftwaffengeschwaders Steinhoff – ein Jagdflieger – wurde mit 152 Abschüssen allein an der Ostfront zum Helden. In einem Angriff, der von Anfang an als Raub-, Rasse- und Vernichtungskrieg geführt wurde. Später erwies Steinhoff als Aufsichtsratschef des Rüstungskonzerns Dornier der Nato gute Dienste. Derartige Verquickungen dürfen die Entnazifizierung nicht mehr blockieren.

7. *Schluss mit SS-Zusatz-Renten.* Angehörige von Organisationen, die in Nürnberg als verbrecherische Organisationen eingestuft wurden, erhalten nach wie vor auf der Grundlage eines verstaubten Führerbefehls Geld vom Steuerzahler. Dazu gehören insbesondere die freiwilligen Legionäre der Waffen-SS im Baltikum. Diese Zahlungen erfolgen ohne Einzelfallprüfung, ob die Empfänger an der Ermordung von über 300 000 Juden in Litauen und Lettland beteiligt waren. Der jüngsten Empörung belgischer Parlamentarier, Deutschland möge auch die Zahlungen an letzte Überlebende ihrer Waffen-SS-Leute offenlegen, ist durch Streichung der vermeintlichen Ansprüche nachzukommen. Bei der Aberkennung der DDR-Ehrenrenten für Kämpfer gegen den Faschismus ging es ganz schnell.

8. Ehrliche *Bilanz des «Krieges gegen den Terror»* und dessen Anteil an antimuslimischem Rassismus. Unterbindung völkerrechtwidriger Aktionen, insbesondere durch Drohnen von der Militärbasis Ramstein. Rechenschaftspflicht der Regierung über die Bekämpfung von Fluchtursachen einerseits und Ausschöpfung aller Kapazitäten eines menschlichen Umgangs mit Kriegsflüchtlingen und verfolgten Asylanten andererseits. Umbenennung von Straßennamen aus der Kolonialzeit mit rassistischem Hintergrund.

9. Der Kampf gegen Rassismus kann neben einer konsequenten Politik nur mit einer *solidarischen Gemeinwohlökonomie* gewonnen werden. Deutschland hat den größten Niedriglohnsektor Europas, speziell im Osten. Existenz- und Absturzängste bis weit in die Mittelschicht vergiften das Miteinander. Wie zu befürchten ist, wird der pandemische Absturz der Wirtschaft weiter von unten nach oben umverteilen. Es fehlen deutliche Signale in Richtung Besteuerung der sechs Billionen Euro Privatvermögen.

   Wichtig ist nicht nur soziale Absicherung, sondern auch Anerkennung. Wenn in Erwartung weiterer Roboter jeder gebraucht werden soll, ist weitere Arbeitszeitverkürzung eine lebenswerte Chance. Wohnungen dürfen kein Profit- und Spekulationsobjekt sein. Eine Verharmlosung der Klimakatastrophe verbietet sich, nicht nur weil sie den Rechten zum Munde redet. Das Nachdenken über andere Wirtschaftsmechanismen ist vom Grundgesetz gedeckt und daher kein Grund für Extremismus-Vorwürfe.

10. Parteien dürfen *Rechten nicht die Diskurshoheit überlassen*, die Themensetzung. Wenn Bürger politisch beachtet werden wollen, dürfen sie nicht die Erfahrung machen, auf die AfD angewiesen zu sein.

Wenn die angesprochenen Institutionen nicht beabsichtigen, auf die Forderungen einzugehen, haben sie die Pflicht, dies vor der Öffentlichkeit zu begründen.

———

PS: Ein Jahr, nachdem das Neue Deutschland *diese Forderungen veröffentlichte, fragte es auf vier Seiten seiner Ausgabe vom 19. 2. 2021 bei den Regierungen von Bund und Ländern nach, wie sie zu den von mir aufgeworfenen Anträgen stehen. Bis auf Brandenburg, Hessen und Baden-Württemberg haben alle geantwortet. Als Schwerpunkt zur Bekämpfung des Rechtsextremismus wurden Maßnahmen innerhalb der Sicherheitsbehörden genannt. Im Verfassungsschutz gab es einen Stellenzuwachs, um sich auf Profile von Einzeltätern zu konzentrieren, nicht, wie von Opfern und kritischen Wissenschaftlern gefordert, auf Netzwerkstrukturen und rechte Portale. Ein Hinweistelefon wurde eingerichtet, an das sich Bürger wenden sollen, wenn sie Verdächtiges in ihrem Umfeld bemerken. (Der Geheimdienst, dein Freund und Helfer.)*

Angesichts extrem rechter Netzwerke in der Bundeswehr wurde eine engere Zusammenarbeit zwischen Militärischem Abschirmdienst und Verfassungsschutz geplant. Bei Polizeibewerbern solle es Zuverlässigkeitsprüfungen geben. Die V-Mann-Praxis solle beibehalten werden. In Berlin wurde immerhin eine Arbeitsgruppe zur verwaltungsinternen Kontrolle der Behörde eingerichtet. Die bayerische Regierung hat die Sicherheitsbehörden dagegen mit Befugnissen zur Online-Durchsuchung und zum Abruf von gespeicherten Daten ausgestattet. Die Sicherheit der jüdischen Gemeinden sollte erhöht werden. (Ein Schutz der muslimischen, die die Opfer von Hanau waren, wurde nicht erwähnt.) Keinen Veränderungsbedarf sah man bei den gültigen Waffengesetzen.

Für eine Antifaschismusklausel gab es nur in den östlichen Bundesländern Aufgeschlossenheit. In Mecklenburg-Vorpommern wurde eine solche Klausel nach einer Volksinitiative in die Verfassung auf-

genommen, zuvor auch schon in Sachsen-Anhalt. In Thüringen lief ein Antrag, sich zum Antifaschismus als Staatsziel zu bekennen. Im Westen dagegen steht Antifaschismus unter Kommunismus-Verdacht und gilt damit als potentiell totalitär. Die Bundesregierung sieht das Grundgesetz als hinreichenden Schutz vor Extremismus. Rechtlich wäre die Klausel sowieso wirkungslos, hieß es.

Dazu passt die Rechtsprechung des Bundesverfassungsgerichts, wonach Unwürdigkeit an Hochschulen «ausschließlich wissenschaftsbezogen auszulegen ist»: Ein einstiger SS-Aktivist und glühender Hitler-Verehrer darf als Hochschullehrer umstandslos sechsmal hintereinander mit einem Ehrendoktor geehrt werden, solange nur seine Volkswirtschaftslehre nicht zu beanstanden ist. Da ging der Radikalenerlass einst ganz anders gegen kommunistische Briefträger vor, die ordentlich ihre Post austrugen.

Auch bei Zusatzrenten für ehemalige SS-Leute bleibt es unmöglich, generell einen Riegel vorzuschieben, die Traditionspflege bleibt unverändert. Die Entnazifizierung in den eigenen Reihen betreiben staatliche Behörden bestenfalls halbherzig. Insgesamt laufen die Maßnahmen auf mehr Kontrolle und Bestrafung hinaus. Von Förderung aufklärerischer Projekte gegen Rassismus, Geschichtsaufarbeitung, Verbesserung der interkulturellen Kompetenz oder Sozialarbeit aber war keine Rede.

Das Wort «Fluchtursachen» ist aus dem Vokabular des Westens gestrichen
Grenze der Schande zwischen Polen und Belarus

Das benachbarte Polen ist heute ein Hauptziel ukrainischer Flüchtlinge. Mit vorbildlicher Willkommenskultur sind mehr als dreieinhalb Millionen schutzbedürftige Menschen an der Grenze aufgenommen worden. Es ist noch kein Jahr her, da kam ein anderer Abschnitt der polnischen Grenze durch gesetzwidrige Pushbacks irakischer Flüchtlinge ins Gerede. Die Doppelmoral und das Ausblenden von Fluchtursachen, die im westlichen System liegen, bleibt bedrückend.

⸻

(November 2021) Deutschland wird diese Menschen nicht aufnehmen, sagt kühl der glücklose Außenminister Maas. Es scheint egal, ob sie erfrieren oder nur erkranken. Egal, ob sie schon europäischen Boden betreten und damit das Recht auf ein Asyl-Verfahren haben. In Brüssel wird nicht über ein Vertragsverletzungsverfahren diskutiert, sondern über die Bezahlung einer Mauer. Auf jeden Migranten, auf jede Frau, jedes Kind, kommen inzwischen drei oder vier Uniformierte an dieser Grenze der Schande – nicht mit dem Auftrag zu helfen, sondern mit dem gesetzwidrigen Pushback-Befehl. *Go, go, go*, ist ihre Botschaft.

Das Wort «Fluchtursachen» scheint aus dem Vokabular gestrichen. Stattdessen werden Migranten angeblich nur noch «instrumentalisiert», was ihnen eigene, begründete Motive abspricht. Und erst recht deren Verursacher im Dunkeln lässt. Die meisten Geflüchteten kommen aus dem Irak. Im Gegensatz zu Belarus war Polen einst mit 2000 Soldaten beteiligt, als das Land von ausländischen Truppen, die dort nichts zu suchen hatten, in Schutt und Asche gebombt wurde.

Die Sprache zeugt heute unverändert von militantem Denken: «Migranten als Waffe» (Kordol), «Hybrider Angriff» (von der Leyen), «menschliche Schutzschilde» (Morawiecki) oder «weißrussischer Staatsterror» (Steinmeier). Nun erwägt die polnische Regierung, die Nato um Rat zu bitten. Und dies wenige Tage nach der Pariser Libyen-Konferenz, die noch einmal veranschaulicht hat, wie andauernd die Schäden in den von der Nato mitverursachten *failed states* sind.

2011 hatte die Nato der UNO demonstriert, was von ihrem Rat zu halten ist. Sie schützte nicht die zivilen Aufständischen gegen Gaddafi, sondern zerstörte die zivile Infrastruktur. Denn Gaddafi hatte neben der diktatorischen auch eine emanzipatorische Seite, die Libyen nach dem UN-Index der Entwicklung von 2010 auf den ersten Platz unter den afrikanischen Ländern befördert hatte. (Weltweit damals auf den 53. Platz, heute ist es der 105.) Das 4000 km lange Netzwerk von Kanälen und Stahl-Pipelines, mit denen nubisches Grundwasser aus 1300 tiefen Wüsten-Brunnen in die Städte gepumpt wurde, war gerade fertiggestellt. Geplant war die Bewässerung von 150 000 Hektar – eine «grüne Revolution» zur Ernährung ganz Afrikas. Zerbombt wurden wesentliche Teile der Leitungen und die Produktionsstätten der Pipelines. Heute ist Afrika wieder abhängig von den teuren, westlichen Anlagen zur Entsalzung von Meerwasser, die weit unökologischer sind, schlechtere Qualität liefern und Wasser knapphalten.

Der Rat der Nato als Drohkulisse. Die Methoden Lukaschenkos sind nicht hinnehmbar. Aber sind nicht die «Strafaktionen» des Westens auch eine Form von Staatsterrorismus? Die EU hat sich auf ein Import-Verbot von Kali aus dem davon abhängigen Belarus verständigt. Man müsse, so Maas, den Staatsbetrieb (mit seinen 20 000 Mitarbeitern) «empfindlich treffen». Wieso ist der Westen so überrascht, wenn Diktaturen nicht gefälligst unter den Sanktionen zusammenbrechen, sondern ihrerseits Gegenwehr suchen? Die EU darf strafen, sich selbst aber nicht erpressen lassen. Neokoloniales Gebaren. Der wirksamste politische Druck ist immer noch die Leuchtkraft einer echten Demokratie, die sich nicht nur an Recht und Gesetz hält, sondern mit großzügiger Mitmenschlichkeit überzeugt. Mit *go, go, go* wird jedenfalls nicht zu verhindern sein, dass neue Fluchtwege gefunden werden, die unseren Wohlstand auf Kosten anderer vor Augen führen.

Willkommen und Abschiebung
Sind Geflüchtete ein Schreckgespenst oder das neue revolutionäre Subjekt?

(Juni 2018) Es geht um menschliche Kälte, den Kampf der Kulturen von Haben und Sein und das Gebot grundstürzender Umverteilung. Der sogenannte Befreiungskampf gegen illegale Einwanderung hat das Potential, Regierungen zu stürzen und letztlich Faschismus zu mobilisieren. Nicht nur in Ungarn, wo sich fast drei Viertel der Wähler zu Kämpfern erhoben haben. Wer sich in Deutschland an der Basis umhört, gerade auch unter Gewerkschaftern, der könnte, wie der Soziologe Klaus Dörre, zu dem fassungslos machenden Schluss kommen: Der Faschismus ist nicht mehr aufhaltbar. Und morgen gehört ihnen Europa? Die «Glitzerdemo» gegen Hass und Gewalt jüngst in Berlin war ein fröhliches, aber energisches Stoppsignal. Die Revierverteidigung bleibt dennoch offen.

Man muss miteinander reden, heißt es allenthalben. Also reden wir. Die Vertreter von Willkommen und Abschiebung. Die Unterscheidung ist unscharf. Allein die Wortwahl – wegschieben, Schneeschieben, Menschenschieben. Der eher dem Abschottungslager zuzurechnende Psychoanalytiker Hans-Joachim Maaz schrieb 2016 in *Cicero*: «Dass Menschen aufgezwungene Veränderungen nicht wollen, dass sie Parallelgesellschaften ablehnen, dass sie kulturelle und religiöse Konflikte nicht wünschen, ist weder fremdenfeindlich oder rechtsradikal, noch rückschrittlich, sondern ihr gutes Recht.» Natürlich sind mit dem Aufeinandertreffen fremder Kulturen Konflikte verbunden, wer sie nicht selbst erlebt, wird über die Medien reichlich damit versorgt.

Wofür Medien (und Psychologen) weniger sensibilisieren, ist, sich in die zu versetzen, denen seit vielen Generationen, von Wohlstandsmenschen wie uns, brutale Veränderungen ihrer gewohnten Lebensweise aufgezwungen werden. Die Parallelgesellschaften der übelsten Art ertragen mussten und weiterhin müssen: als Sklaven, als Kolonialisierte, als Missionierte, als Opfer imperialer Putsche und des Terrors kapitaler Ökonomie und auch noch des Krieges gegen den Terror. Der Trugschluss, ein kleiner Teil der Welt könne unbeschwert in Luxus leben, während der Großteil dafür in Armut und militanten Konflikten versinkt, könnte gerade darauf beruhen, dass wir nicht wünschen, diesen Missstand als «kulturellen Konflikt» wahrzunehmen.

Auch religiöse Konflikte mögen wir gar nicht. Wir finden es bedauerlich, wenn westliche Länder islamische in ungezählten Kriegen mit Erniedrigung, Leid, Raub, Chaos und so genährtem Fundamentalismus geradezu geflutet haben. Aber es gab keine Alternative zum Schutz unserer und ihrer Sicherheit. Und was ist der Dank? Jetzt wird der Hindukusch auch in Deutschland verteidigt.

«Wir wollen unsere abendländische und christliche Kultur» bewahren – hält die AfD dagegen. Der Mythos vom Abendland war auch den Nazis willkommen, als Abgrenzung gegen den jüdischen Bolschewismus und alles Fremde. Und nun richtet sich das Geschütz gegen die «islamische Überflutung». Da schaltet so mancher Erzbischof, beinahe wie einst Don Camillo, bei unliebsamen Kundgebungen schon mal die Kirchenbeleuchtung aus. Muslime brächten auch Werte mit, die zu beleben uns guttäte – wie familiärer Zusammenhalt, meint der Ratsvorsitzende und wirft der AfD «menschliche Kälte» vor. Innerchristliche Konflikte, wie befremdlich sie auch sein mögen, werden als nicht so störend empfunden wie die mit fremden Religionen.

Dabei prägt unsere Lebensweise Migranten viel mehr als umgekehrt. Die allermeisten Muslime passen sich nach einiger

Zeit der hier üblichen Familienplanung an und sind toleranter als gedacht. Selbst von den hochreligiösen Sunniten in Deutschland wollen laut einer Bertelsmann-Studie 40 Prozent homosexuelle Paare heiraten lassen – in der Türkei wollen das nur 12 Prozent. Und gar 90 Prozent «unserer» Sunniten halten die Demokratie für eine gute Regierungsform, also nicht die Scharia.

Sind noch alle an Bord? Hört noch jemand zu? Ist es tatsächlich unser Recht, noch dazu unser gutes, uns frei zu halten von Übeln, die wir, aktiv oder durch schweigende Duldung, anderen antun? Die Übereinstimmung mit der eigenen kleinen Welt verlieren – nicht mit uns, rufen die aus dem Westen, nicht schon wieder, die aus dem Osten. Und beide wissen: Es wird nie wieder, wie es war.

Denn es darf auch nicht so bleiben, wie es war. Mit unserer Kultur des Habens und ihrer Ignoranz gegenüber der immer offensichtlicher werdenden Erkenntnis der Habenichtse: Wär ich nicht arm, wärst du nicht reich. Allein in den letzten vier Jahren, so die Internationale Organisation für Migration, sind auf der Flucht 25 000 Menschen umgekommen – hinzu kämen die Namenlosen der in der Sahara verdursteten und im Mittelmeer ertrunkenen. Es ist die Nagelprobe für Wutbürger, ob sie den Glutkern des Humanismus verinnerlicht haben: Alle Menschen sind gleich an Würde und an Rechten. Alle, nicht nur Bio-Deutsche, die es so wenig gibt wie Bio-Autos. Deutschland hat seinen ökologischen Fußabdruck für 2018 bereits Ende April hinterlassen. Der weitere Verbrauch geht auf Kosten anderer, Ärmerer.

Deren Existenz nicht selten internationale Konzerne mit deutscher Beteiligung durch Knebelverträge und verseuchte Natur zerstört haben. Wer gegen den permanent betriebenen Verstoß gegen Recht und Würde dieser unter widrigsten Bedingungen Lebenden und Sterbenden nie aufbegehrt hat, nicht durch praktisches Engagement noch durch theoretisches Rebellieren in Bild, Schrift und Wort, der möge vom Obersten Gericht mit christlicher Nächstenliebe und Mitgefühl bestraft werden. Und dann aufwachen.

Sicher, die Einreise über die blaue oder grüne Grenze ohne gültiges Visum ist illegal. Aber wessen Antrag nach Prüfung anerkannt wurde, der hatte offensichtlich keine Chance, seine legalen Ansprüche anders als über illegale, lebensbedrohende Wege durchzusetzen. Seine Einreise war legitim. Das Grundgesetz bestimmt: politisch Verfolgte genießen Asylrecht. Da wir politische Verfolgung nicht begrenzen können, dürfen wir auch die Aufnahme der Betroffenen nicht begrenzen.

Armut, Bürgerkriege oder Naturkatastrophen gelten, selbst wenn durch westliche Politik mit ausgelöst, als unpolitische Verfolgung. Das ist unlogisch, aber konsequent für eine Welt, die so viele Menschen ins Elend gestürzt hat, dass die ursprüngliche Idee von Asyl ad absurdum geführt wurde. Allein mit Aus- und Einwanderung sind die Probleme nicht zu lösen, darüber dürfte sogar Einigkeit herrschen.

Durs Grünbein hat, rückblickend auf die Kontroversen unter Literaten und Verlegern, in der *Süddeutschen Zeitung* das eigentliche Problem in einem Nebensatz abgehandelt: Die Lage sei so komplex, dass sie «nur noch durch eine Weltrevolution zu lösen» sei. Das wurde unhinterfragt hingenommen. Könnten wir uns bitte schön darauf einigen, an diesem Punkt mit den Überlegungen nicht aufzuhören, sondern anzufangen?

Nach einem Bericht der Deutschen Bundesbank vom Juni 2015 hat die Bankenrettung den deutschen Steuerzahler 236 Milliarden Euro gekostet. Das hat natürlich heftig auf die Sozialsysteme gedrückt, aber kaum jemand hat das beklagt. Das Finanzministerium hat für 2018 «Flüchtlingskosten» von 15,2 Milliarden Euro bereitgestellt. Das ist, hochgerechnet über Jahre, im Vergleich mit dem Rettungsschirm für Banken, nur eine Rettungsmütze. Aber alle beschwören den Untergang der Sozialsysteme. Wenn deutsche Rentner heute Flaschen sammeln, dann nicht wegen der

Rettung von Geflüchteten, sondern wegen der Rettung von Banken.

Wer ist bei 440 000 fehlenden Arbeitskräften wirklich eine Last? Wenn sich die bisherige Entwicklung fortsetzt, so wurde Ende Mai beiläufig gemeldet, werden schon fünf Jahre nach ihrer Ankunft die Hälfte der Asylbewerber in Lohn und Brot stehen und so der Gesellschaft mehrfach zurückgeben, was sie empfangen haben. Das überfällige Einwanderungsgesetz sollte solche Erfahrungen berücksichtigen. Würde all das transparenter vorgerechnet, könnten Verlustängste gemildert werden.

Viel schwerer ist die Bekämpfung von Fluchtursachen, denn die sind systemimmanent. Der diesjährige Haushalt weist 6,6 Milliarden Euro dafür aus. Dagegen 38,5 Milliarden für Rüstung. Da weiß man, wo der Schwerpunkt liegt. Das vorrangige Mandat ist nicht mehr Rettung aus Seenot, sondern Schutz, auch militanter, der europäischen Grenzen. Wie von Frontex praktiziert. Wurde in Kauf genommen oder gar beabsichtigt, dass die wieder steigende Zahl von Ertrunkenen der kostengünstigste und wirksamste Schutzschild gegen Fluchtwillige ist? Die Konsuminseln im Norden werden immer brutaler verteidigt. Wer das befürwortet, stärkt wohl kaum den Rechtsstaat, sondern wachsende, faschistoide Strukturen. Und beschädigt so Deutschland.

Hoppla, gab es da eben Tumulte? Wenn nicht eine grundstürzende Lasten-Umverteilung gelingt, dann wird das Konfliktpotential womöglich jeder Kontrolle entgleiten. Wenn die Flucht vor Steuern nur halb so entschlossen bekämpft würde wie die Flucht vor Elend, dann wäre schon viel gewonnen. Die Opfer globaler Missstände sollten nicht auch noch deren Bekämpfung bezahlen müssen. Das käme den Profiteuren zu. Im nationalen Maßstab hieße das, gesicherte Sozialleistungen, aber eine wohlbedachte Zwangsanleihe bei den sechs *Billionen* Euro deutschem Privatvermögen. Vergleichbar dem Lastenausgleich nach dem Zweiten Weltkrieg.

Wer das als Kampfansage an Unternehmer und Privateigentümer sieht, irrt. Es ist vielmehr Programm auch ihrer Rettung: Ein Bruchteil des wie auch immer entstandenen Vermögens hergeben, um die subversive Ungleichheit der Bewohner dieser Welt zu mildern und so den Großteil bewahren zu können. Vor Unruhen bis Rebellionen, vor Handelskrieg bis Krieg. Ob der Widerspruch zwischen Nötigem und Machbarem demokratisch zu überwinden sein wird, ist existentiell. Fremdenfeindlichkeit ist letztlich eine Folge der Kapitallogik. Die unversöhnliche Ursache verleugnet ihre Wirkung. Kapitalismus mit menschlichem Antlitz first. Wer lacht sich da tot?

Fernziel muss eine Welt sein, in der jeder leben kann, wo er will. Ein Privileg, das die Reichen längst haben. Damit die Mehrheit am liebsten zu Hause lebt, muss sich vieles, wenn nicht alles ändern. Sind die Flüchtenden das ersehnte revolutionäre Subjekt, das Egalisierung und Ökologisierung zwangsläufig vorantreibt? Prekarier aller Länder, vereinigt euch.

Hallo? Ist da noch jemand? Wer hat das Licht ausgemacht?

Pressefreiheit ist auch die Freiheit zur Kritik an der Presse
Eröffnungsrede auf der IALANA-Tagung «Krieg und Frieden in den Medien» in Kassel

Schwerpunkt des Beitrages sind die Gründe für die Vertrauenskrise der Zuschauer und Leser gegenüber den Medien. Daran hat sich in den letzten vier Jahren nichts Wesentliches geändert. (Aktuelle Beispiele von damals sind weitgehend auf Fußnoten reduziert, es geht ums Grundsätzliche.) Jüngst ist am öffentlich-rechtlichen Fernsehen erneut scharfe Kritik geübt worden: Bonus-Sumpf und politische Einflussnahme. Wirklicher Frieden wird nur möglich sein, wenn wir auch andere Medien haben. Zwar hat sich durch die Verunsicherung mit Beginn der Corona-Krise das Orientierungsbedürfnis und damit das Zutrauen gebessert, aber im März 2022 sagten laut Forsa schon wieder 41 Prozent, diese Berichterstattung habe der Glaubwürdigkeit des Journalismus geschadet. Zwei Monate später veröffentlichte Statistika, in welche Medien das Publikum *kein* großes Vertrauen hat: ins Radio 45 Prozent, in die Presse 54 Prozent, ins Fernsehen 68 Prozent. Dabei schneiden die öffentlich-rechtlichen Sender *trotz allem* besser ab als die privaten. Die Orientierung an Einschaltquoten fand die absolute Mehrheit einer gleichzeitigen MDR-Umfrage mit 23 000 Beteiligten falsch. 97 Prozent von ihnen war es wichtig, dass Medien unabhängig sind. Dass dies nicht der Fall sei, sagten 59 Prozent der im Februar 2022 vom Reuters Institute Befragten. Diese Umfrage belegt, dass das Misstrauen in Medien eine internationale Tendenz ist, am ausgeprägtesten in den USA. Dort beargwöhnen drei Viertel der Menschen ihre Medien.

Nachfragen von Reuters nach Beginn des Ukraine-Krieges ergaben in Deutschland, dass wie bei allen großen Weltereignissen der Umsatz von Tageszeitungen und die Sehbeteiligung von Nachrichtensendungen spürbar gestiegen sind. Gleichzeitig kritisierten 60 Prozent, dass die Medien keine unterschiedlichen Perspektiven geboten hätten, und fast genauso viele, dass die weitgehenden Auswirkungen des Krieges nicht hinreichend deutlich gemacht wurden.

Ohne Vertrauen in die öffentliche Kommunikation durch Medien ist eine demokratische Willensbildung nicht möglich.

———

(Januar 2018) Man kann gar nicht so viel Zeitung lesen, wie man sich empören möchte.

Ist der Aggressionskrieg des Nato-Partners Türkei gegen die auf syrischem Boden bis unlängst wacker gegen den IS kämpfenden Kurden etwa mit der gebotenen Schärfe analysiert und verurteilt worden? Die meisten etablierten Blätter und Sender machen den Eiertanz der Politiker mit. Auf *FAZ online* hat ein Volontär immerhin die richtigen Fragen zum Völkerrecht gestellt. Doch schon vorgestern war das Vorrücken der türkischen Panzer, die eigentlich deutsche sind, der *Tagesschau* nur noch 25 Sekunden wert, zwischen Vergewaltigungsvorwürfen, die 35 Jahre zurückliegen, und geklonten Affen. Einzig die Sicht Erdogans wurde vermittelt.

In Davos wird die Freude der Mächtigen zum in aller Stille ausgehandelten Transpazifischen Handelsabkommen von Journalisten nicht mit lästigen Fragen nach privaten Schiedsgerichten oder Arbeits- und Umweltstandards getrübt.

So viel Misstrauen gegenüber den Medien wie jetzt gab es noch nie in der Geschichte der Bundesrepublik. Noch nie war das Selbstverständnis des vermeintlichen Qualitätsjournalismus so in Frage gestellt. Gleichzeitig ist der Grundkonflikt der alte. Auf dem rechtspolitischen Kongress der SPD vor über vierzig Jahren sagte der spätere Bundesverfassungsrichter Ernst-Wolfgang Böckenförde, es gäbe keine akzeptablen Vorschläge, wie die Pressefreiheit unter der Dominanz von Privateigentum zu sichern sei. Er beschrieb die Schwierigkeiten, Machtbegrenzung und Freiheitssicherung im Medienbereich zu verwirklichen. Die privatrechtliche Organisation der Medien führe zu einer «Kumulation von wirtschaftlicher Macht und Kommunikationsmacht», da der Zugang zum Meinungsmarkt von «Kapitaleinsätzen ganz erheblichen Ausmaßes» abhänge. Selbst die unerfüllte Forderung nach innerer Pressefreiheit sei nur eine Verlagerung des Problems, denn über die Anstellung politisch anders orientierter Redakteure befindet allein der Verleger oder Konzern, in dessen Eigentum sich die Redaktion befindet. Auch die Machtpositionen der Intendanten und Programmdirektoren in den öffentlichen Rundfunk- und Fernsehanstalten unterlägen keiner wirklich demokratischen Kontrolle. Der *Spiegel* zitierte 1988 aus einem Brief von Edmund Stoiber an Franz Josef Strauß: «Unsere Politik war immer darauf gerichtet, eine Anbindung von RTL an das konservative Lager zu sichern, bzw. ein Abgleiten nach links zu verhindern.»

In seiner Amtszeit besuchte der damalige CDU-Bundespräsident Horst Köhler den Presserat und zitierte zur allgemeinen Überraschung Karl Marx: «Die erste Freiheit der Presse besteht darin, kein Gewerbe zu sein.» «Deine Freiheit ist nicht meine Freiheit, ruft die Presse dem Gewerbe zu», hatte Marx in der Rheinischen Zeitung ergänzt. Doch die Freiheit des Gewerbes hat gesiegt, Medien sind Kommerz.

Die öffentlich-rechtlichen Rundfunkanstalten sollten eigentlich von Gewinn-Überlegungen frei sein, aber davon ist wenig zu merken. Der damalige ZDF-Intendant Dieter Stolte sagte in der *Berliner Zeitung* vom 29.9.1992 den erbarmungslosen Konkurrenzkampf aller öffentlichen und privaten Sender voraus. Es käme nun darauf an, «den anderen mit jedem Mittel aus dem Markt zu drängen. Damit steht das Medium vor einem fundamentalen Wandel. Es wird nicht mehr von Aspekten der sozialen Kommunikation der Menschen bestimmt, sondern von Gewinngesichtspunkten», so Stolte.

Fragen und Themen von ARD und ZDF haben sich den Privatsendern vollkommen angepasst. Da gibt es zweifellos Ausnahmen, besonders auf *3sat, Arte* und *Phoenix*. Aber die Nachrichten- und Informationssendungen – Kerngeschäft jeden Senders – müssen sich schon fragen lassen, wie öffentlich und rechtlich sie eigentlich sind. Entsprechen sie noch den Anforderungen der Kommunikationsfreiheit und der im Rundfunkstaatsvertrag festgehaltenen Bildungs- und Informationsverpflichtung, den Geboten der vielfältigen und freien Meinungsbildung, der unabhängigen Berichterstattung und Staatsferne?

Wer diese Fragen von vornherein als rein rhetorisch oder gar polemisch abtut, sei an das Urteil des Bundesverfassungsgerichtes vom 25. März 2014 erinnert. Darin wurde der ZDF-Staatsvertrag wegen des überproportionalen staatlichen Einflusses in den Aufsichtsorganen als verfassungswidrig erklärt. Die staatsnahen Vertreter im Fernseh- und Verwaltungsrat sollten auf ein Drittel begrenzt werden. Ob die anderen zwei Drittel in der Praxis nun tatsächlich unabhängig sind, sei dahingestellt.

Kleinlaut und viertelherzig räumen die Sender einzelne Fehler ein, im Großen und Ganzen aber sei alles in Ordnung. Zur Selbstgerechtigkeit der Groß-Medien gehört ihr Versuch, Kritik an ihnen vornehmlich rechts zu verorten, bei Pegida, AfD und anderen dubiosen Kräften. Statt Einsicht Diffamierung der Kritiker. Es ist geboten, nach dem Missbrauch des viel älteren Begriffs Lügenpresse durch die Nazis, damit bedachtsam umzugehen. Aber Kritiker von Medien, die einseitig berichten, verzerren oder wirklich lügen, dürfen nicht automatisch nach rechts-

oder linksaußen abgeschoben werden. Eine allzu bequeme Methode, den Mainstream unangreifbar zu machen.

Selbst der *Evangelische Pressedienst* (epd-Medien) hat die Gremienaufsicht der Sender längst für reformbedürftig erklärt. Er empfahl konsequente Politikerferne, mehr Transparenz in der Gremienarbeit, mehr externen Sachverstand und vor allem eine kontinuierliche Programmevaluierung durch die Zivilgesellschaft, z. B. durch Zuschauer oder Media-Watch-Organisationen. Pressefreiheit müsste längst vor allem Fernsehfreiheit sein, denn die meisten Menschen bilden sich ihr Weltbild durch das Fernsehen. Man kann es nur als Absicht werten, wenn ein Unterschichtenfernsehen dominiert, das die von Kant beklagte selbstverschuldete Unmündigkeit fortschreibt. Die sogenannten öffentlich-rechtlichen Sender beugen sich in den Hauptsendezeiten aus Marktzwängen und politischem Opportunismus den in der Übermacht befindlichen Privatsendern. Vorwiegend seichte Unterhaltung, politisches Fastfood, blutrünstige Krimis und Thriller zerstreuen das Volk. «Wir leben im Zeitalter der medialen Massenverblödung», befand Peter Scholl-Latour.

Erfolg verspricht man sich von angeblich Quote bringender Verflachung, nicht von investigativem Journalismus. Meistens dürfen Journalisten ihr Jagdfieber nur an Enthüllungsgeschichten abarbeiten, die die Verworfenheit von Personen, nicht die Verwerflichkeit von gesellschaftlichen Strukturen, von unbekannten Kausalitäten, bloßlegen. Investigativen Journalismus gibt es fast nur noch im Kabarett.

Was das über eine Gesellschaft sagt, ist noch nicht zu Ende gedacht. Hat die politische Klasse überhaupt ein Interesse an wissenden, selbstbestimmten, mündigen Bürgern? Zwar überraschen einen gelegentlich auf der Mitternachtsschiene politische Magazine oder Reportagen mit aufklärenden Beiträgen von Redakteuren, die nicht aufgegeben haben. Aber sie sind zu marginal, um Oskar Negts These von der «unterschlagenen Wirklichkeit» zu widerlegen. Die Angst der unbequemen Journalisten vor dem Elfmeter in der Redaktionssitzung kommt hinzu.

Nur wenige Autoren haben den Mut, die Vorgaben von Chefredakteuren und Ressortleitern öffentlich zu beschreiben. Etwa, was sie recherchieren dürfen und was nicht. Harald Schumann im *Medienmagazin* vom November 2010 über seinen Weggang vom *Spiegel*: «Ich durfte seit 1999 zu allen Themen der politischen Ökonomie de facto nicht schreiben – zu kritisch, zu links, nicht angepasst genug ... das wurde nicht begründet, sondern ich bekam einfach, wenn ich Themen vorschlug, die Aufträge nicht. Dann konnte ich gar nicht erst anfangen.» Eine Mitgliederbefragung der IG Medien unter Zeitungsjournalisten hat schon vor 15 Jahren ergeben, dass sich drei Viertel der Redakteure Eingriffen von Verlegern und Chefredakteuren ausgesetzt sehen, weit über die Hälfte außerdem aggressiver Einflussnahmen durch Inserenten, Verbände und Politiker. Leider schreiben diese drei Viertel keine Artikel darüber, wie das genau funktioniert. Kein Wunder, angesichts exzessiver Sparpläne, Entlassungen und Redaktionsschließungen ist Selbstgleichschaltung angesagt. Man muss die tiefe Abhängigkeit von Intellektuellen und Künstlern von den sie beschäftigenden Industrien immer mitdenken. Profiliert haben sich die Journalisten, die problemlos auch zu Regierungssprechern werden können.

Wer kapituliert und meint, wir seien endgültig im Postfaktischen angekommen, verkennt wohl, dass genau diese Ratlosigkeit ein Herrschaftskonstrukt ist, mit dem man sich vor belastenden Tatsachen schützen will. Es soll nur noch auf die «gefühlte Wahrheit» ankommen. Allein für das Pentagon arbeiten 27 000 PR-Spezialisten mit einem Jahresbudget von fünf Milliarden Dollar. Sie beeinflussen Agenturen mit gezielten Nachrichten, Fernsehspots und Rundfunkinterviews.

Man erinnere sich nur an die von Whistleblower Daniel Ellsberg 1971 der Presse übergebenen Pentagon-Papiere, die das ganze Ausmaß an Desinformation offenbarten. Während eigenes Handeln und das der Verbündeten in weichzeichnendes Licht gerückt wird, werden auf der Gegenseite Feindbilder geschärft.

Russland ist gefährlicherweise zum Lieblingsfeind erkoren worden. Als Gegengewicht gegen russisches Fernsehen sendet seit einem Jahr der vom US-Kongress finanzierte, russischsprachige Kanal *Nastojaschee Wremja – Current TimeTV*. Dafür wurde *Radio Free Europe* wiederbelebt, das von Großindustriellen mitbegründete und CIA-gesteuerte Propagandaorgan des Kalten Krieges. Mehr als hundert Reporter berichten 24 Stunden am Tag für das gesamte Gebiet der einstigen Sowjetunion. Die Deutungshoheit über die Meinung von Mehrheiten ist im digitalen Zeitalter die wichtigste Waffe geworden. Hier findet die eigentliche Aufrüstung statt, auch wenn die herkömmliche sich wahrlich nicht lumpen lässt.

Der unbewiesene Vorwurf, Trump sei durch russische Einmischung in die Wahl an die Macht gekommen, bleibt fatal. Falls dieser Präsident je die Absicht hatte, das Verhältnis zu Russland zu entspannen, ist ihm das gründlich ausgetrieben worden. Jeder Versuch würde als Beweis dafür gewertet werden, wie abhängig ihn der den Russen geschuldete Dank macht.[1]

Es wäre naiv anzunehmen, Indoktrination vertrage sich nicht mit Demokratie. Sie ist vielmehr ein Wesenszug der Demokratie», beharrt Noam Chomsky und verweist auf die Fabrikation eines Konsenses durch herrschaftsgerechte Propaganda.

Ein weiteres Beispiel für das Ausblenden wichtiger Fakten ist die nicht so im Focus stehende, aber nicht weniger einseitige Berichterstattung über Venezuela. Das Narrativ, wie man heute

---

1 Siehe zur Einmischung Russlands in die USA und umgekehrt ausführlich in: Daniela Dahn: «Der Schnee von gestern ist die Sintflut von heute», Rowohlt 2019, S. 227 ff.

bedeutungsvoll sagt, ist klar: Diktator Maduro oder Parlamentarische Demokratie, Misswirtschaft der regierenden, sozialistischen Partei oder Wohlstand bringende Opposition, Gewalt oder Rechtsstaatlichkeit. Auf alternativen Portalen wie *amerika21* ist zu erfahren, worum es wirklich geht. Die wohlhabende Klasse in Venezuela hat die Reformen von Chávez zugunsten der Armen nie akzeptiert. Es geht um Verteilungsfragen, um die sozialpolitische Verfügung über die Einnahmen aus den reichen Ölvorkommen, um den bei erneuter Privatisierung zu befürchtenden Rückfall in die jahrhundertealte Marginalisierung der Unterschichten.

Regierungen dürfen parteiisch sein, sollten ihren Wählern aber Propaganda-Erklärungen ersparen. Die Medien dürfen nicht parteiisch sein. Sie müssten über alle Seiten objektiv berichten. Obwohl die Sendesekunden knapp sind und ausschließlich neuen Informationen vorbehalten sein sollten, wiederholte die *Tagesschau* Tag für Tag: Die Opposition fürchtet, Präsident Maduro werde eine Diktatur errichten. Immer wieder, bis es auch der letzte Zuschauer verinnerlicht hat. Was Sozialisten fürchten, dass nämlich die rechte Oligarchie die Überbleibsel der Chávez-Revolution zerstören könne, hat uns nicht zu interessieren.[2]

Unterschlagen werden die Pläne des Rechtspopulisten Juan Requesens, der aus den Zielen seiner oppositionellen Partei «Primero Justicia» kein Geheimnis macht: ein Klima der Unregierbarkeit schaffen, Venezuela lahmlegen, ausländische Interventionen befürworten und einer verfassunggebenden Versammlung einen «heftigen Krieg» liefern. Wenn die größte Erdölgesellschaft Lateinamerikas, der Staatsbetrieb Petróleos de Venezuela, eine Kooperation mit Russland und China ankündigt, dann erhebt das der einstige Chef der US-Ölgesellschaft Exxon Mobile

---

2 Siehe zur ausführlichen Beispielsammlung zu unterschlagenen Informationen über Venezuela meinen Beitrag auf: nachdenkseiten.de/?p=40047

und jetzige Außenminister Rex Tillerson zum Problem der «nationalen Sicherheit». Wenn Trump dann jenseits jeder Rationalität Venezuela mit Krieg droht, fragt kaum noch jemand: Was hat er dort zu suchen?

Propaganda erkennt man auch daran, dass über die zum Gegner Erkorenen grundsätzlich nichts Positives berichtet wird. Die Programm-Redakteure würden sicher auch lieber über brisante Hintergründe berichten, als die ewig gleichen Klischees zu wiederholen. Doch nur wenn sie – vielleicht sogar unbewusst – ebendiese Klischees bedienen, können sie zu Recht davon ausgehen, im Sinne ihrer Auftraggeber alles richtig gemacht zu haben. Das Leugnen von Fehlern ist Unterwürfigkeit. Was die Macht erwartet, ist für die eigene Entwicklung allemal wichtiger als die Erwartungen der machtlosen Zuschauer. Deshalb haben sich viele Journalisten freiwillig zu einer Art mehr oder weniger geschickten PR-Agentur der Bosse in Wirtschaft, Politik und Kultur gemacht. Ja man gewinnt den Eindruck, als horchten sie fast nur auf das Echo der sie fördernden Hierarchien – normale Zuschauer und Leser sind gar keine Zielgruppe.

Wenn es für diese Diagnose noch eines Beweises bedürfte, ließe sich auf eine Studie der IG Metall nahestehenden Otto-Brenner-Stiftung verweisen. Dort wurden 35 000 Berichte aus *SZ*, *FAZ*, der *Welt* sowie *Tagesschau*, News-Websites wie *tagesschau.de* oder *spiegel.de* und auch von Lokalzeitungen zum Thema Flüchtlingskrise untersucht. Fazit: Die Medien sind ihrer demokratischen Funktion nicht gerecht geworden. Das berichtete verknappt sogar der *faktenfinder* von *tagesschau.de* am 22.7.2017, ohne alle Zahlen zu nennen. Die Hauptakteure des Geschehens, nämlich Flüchtende, Helfer und freiwillige Unterstützer kamen nur in 7,5 Prozent der Beiträge zu Wort. Genau 10-mal mehr musste man wieder mal den Politikern und ihren Behörden zuhören. Die Medien spiegelten die Politik, statt sich als neutral hinterfragende Instanz zu verhalten. Abweichende Positionen würden aus Angst, ausgegrenzt zu werden, nicht mehr geäußert. Diese Furcht vor Isolation führe in eine Schweigespirale.

Beschwiegen werden so gut wie alle redaktionellen Probleme:
· die Rücksicht auf die Interessen der Medieneigentümer und Anzeigenkunden,
· der Mangel an Zeit und Geld für Recherchen und der Rückgriff auf PR-Agenturen, die nicht selten komplette Artikel schreiben,
· die Existenz «diskreter Fabriken der Desinformation» (Peter Scholl-Latour),
· die Disziplinierung durch Zeitverträge und Verkleinerung vieler Redaktionen,
· der Zusammenhang von Karriere und Selbstzensur,
· die besseren Honorare für Beiträge, die den Mächtigen gefallen,
· Hofberichterstattung infolge allzu enger Kontakte mit Politikern,
· der Mainstream als Parteinahme für eine Elite, zu der man selbst gehört oder gehören möchte,
· redaktionelle Vorgaben und Anpassungsdruck als Ursache für die Tendenz zu Selbstgleichschaltung,
· Meinungshomogenität durch Ausgrenzung allzu deutlicher Abweichler,
· die sich aus all dem ergebende Kluft zwischen öffentlicher und veröffentlichter Meinung.

Die Journalisten stehen vor der durchaus schwierigen Aufgabe, genau so viel Meinungsfreiheit zu demonstrieren, wie Scheinobjektivität erfordert, aber durch das Ausblenden von Ursachen und Interessen nicht anzuecken. Gerade durch dieses Taktieren verfehlt die Nachrichtengebung letztlich ihren Programmauftrag.

Diese Feststellung ist ausdrücklich kein Plädoyer etwa zur auch schon geforderten Abschaffung der gelegentlich doch sehenswerten öffentlich-rechtlichen Sender, sondern eine Abmahnung. Auftraggeber sind die zahlenden Hörer und Zuschauer, die ein Recht haben, die Programmmacher auf ihren Auftrag zu verpflichten. Dass medial manipulierte, entpolitisierte Menschen leichter zu bevormunden sind, könnte sich als ein folgenschwerer Irrtum der herrschenden Eliten erweisen.

Auch deshalb verteidigen sich derzeit viele Medien und Institutionen mit Faktenchecks, bei denen man wiederum genau hinsehen muss. Denn es ist im Zweifelsfalle natürlich möglich, nur Belege für die eigene Sicht anzuführen. Demgegenüber gibt es neue Instrumente: Abgeordneten Watch, Finanz Watch, Medien Watch. Ob Privatmedien, PR-Agenturen und erst recht öffentlich-rechtliche Anstalten, wer beim Lügen erwischt wird, könnte gesellschaftlich geächtet werden. Schützenswert ist auch «das Recht auf nicht manipulierte Tatsacheninformation, ohne welche die ganze Meinungsfreiheit zu einem entsetzlichen Schwindel wird». So Hannah Arendt in ihrem berühmten Essay «Wahrheit und Lüge in der Politik», der hoffentlich an allen Journalistik-Schulen diskutiert wird. Denn ihre darin erhobene Forderung, Tatsachen und Meinungen seien streng voneinander zu unterscheiden, wird m. E. gern missverstanden. So als sei die Gefahr schon gebannt, wenn in einem Beitrag nur Fakten vermittelt würden und im anderen nur Meinungen. Das ist natürlich Unsinn, jedes journalistische Produkt würde verarmen, wenn nicht beides nebeneinanderstünde. Meinungsstarke Kommentare und Essays brauchen Tatsachen, auf die sie sich beziehen können, und selbst reine Nachrichtenformate, die Tatsachen melden, zitieren ständig Politiker oder Experten, die diese Fakten werten. Der Wortstamm von Meinung ist *mein*, es geht um die subjektive Wertung einer Tatsache. Eine wertende Meinungsäußerung ist als solche leicht erkennbar, also hinreichend von einer

Tatsache getrennt, kann daher getrost neben Fakten stehen. Viel problematischer ist die Vermischung von erwiesenen Tatsachen und unbewiesenen Tatsachen-Behauptungen. Also von Fakt und Fake. «Meinungsfreiheit ist eine Farce, wenn die Information über die Tatsachen nicht garantiert ist», so Arendt. Und weiter: «In einer Welt, in der man mit Tatsachen nach Belieben umspringt, ist die einfachste Tatsachenfeststellung bereits eine Gefährdung der Machthaber.» Tatsachen wiederum seien nur durch Lügen zu erschüttern. Das bewusste Verschweigen von Tatsachen ist für sie schon Lügen.

Nach diesem strengen Maßstab haben die Mainstream-Medien keine guten Karten. Deshalb erfordert die Pressefreiheit zwingend auch die Freiheit zur Kritik an der Presse. Desinformation widersprechen, scheitern, neuer Desinformation besser widersprechen. So qualifiziert, dass diese Stimmen weder durch Diffamieren noch durch Ignorieren aus der Welt zu schaffen sind.

Verrückte Maßstäbe
In der Corona-Krise gehen Menschenleben vor Wirtschaft. Warum gilt das gleiche Prinzip nicht auch bei anderen globalen und nationalen Problemen?

Einem «ewigen Frieden» wird ein öffentliches Umdenken über Wirtschaft, von ihr verursachte Umweltschäden und Krankheiten vorausgehen müssen. Ein Umdenken, das nicht aus Energieknappheit sparen will, sondern aus dem tiefen Bedürfnis, Mensch und Natur in Harmonie zu bringen. Ein Umdenken, das anerkennt, dass die eigentliche Freiheit in dem Vermögen besteht, unter allen Umständen das Vernünftige zu tun. Eine Vernunft, die einen neuen Begriff von Lebensqualität prägt: Überfluss an Bildung, Kultur, Kreativität, Freizeit, Fürsorge, Miteinander und Individualität. Eigentlich das Alte: Haben oder Sein.

———

(April 2020) Wir entscheiden uns jetzt für Menschenleben, gegen die Wirtschaft, heißt es allenthalben stolz in Politik und Medien. Das ist das eigentlich Atemberaubende an dieser Corona-Situation, denn in der bisherigen Menschheitsgeschichte und bis vorgestern lief es immer umgekehrt. Wie war es mit einem Mal möglich, im Namen der Humanität alle bisher geltenden Spielregeln außer Kraft zu setzen? Selbst die des Profits und die der Ignoranz? Auch die Freiheitsrechte, weil sie jetzt angeblich eine tödliche Gefahr sein können? Woher die plötzliche und, ja, löbliche Ehrfurcht vor dem Leben? Man hatte sie bisher in der Politik, der Wirtschaft, selbst in Teilen der Medizin schmerzlich vermisst.

Für dieses Phänomen hat es noch keine plausible Erklärung gegeben, nur Staunen. Und Angst.

Es geht hier also um anhaltende Wahrnehmungsprobleme von uns Verunsicherten, nicht um Einmischung in die inneren Angelegenheiten der Medizin. Obwohl wir plötzlich herausgefordert werden, uns mit kausalen Zusammenhängen von Krankheit und Tod zu beschäftigen, sie zum Verständnis statistisch einzuordnen. Dabei wird man oft ganz schwindlig von Zahlen, zu denen jedes Koordinatensystem fehlt. Die hehre Absicht, sich für Menschenleben und gegen die Wirtschaft zu entscheiden, begann mit dem Lockdown im chinesischen Wuhan. Einem Riesenreich, in dem die normale tägliche Sterbezahl schon bei über 42 000 liegt. Die Sorge, die von Mensch zu Mensch übertragbare Epidemie hätte Millionen dahinraffen können, musste ernst genommen werden, bei diesem aggressiven Virus. Anfang Januar gaben chinesische Wissenschaftler das vollständig diagnostizierte Genom an die WHO, damit global Maßnahmen ergriffen werden können. Seither hat ein Staat nach dem anderen das Primat der Politik zurückerobert und im Namen der Humanität dirigistisch durchgegriffen.

Erstaunlich bleibt, dass seit Jahr und Tag, von der Gesellschaft ignoriert und unbetrauert, Millionen sterben, die mit ähnlich konsequenten Zugriffen zu retten gewesen wären. Da meine ich nicht mal die Krankheiten, die von der westlichen Medizin unzureichend erforscht werden, weil sie hauptsächlich die Entwicklungsländer betreffen.

Ich meine uns. Die Weltgesundheitsorganisation (WHO) hat sowohl 2013 wie auch 2018 übereinstimmende Studien veröffentlicht, nach denen pro Jahr sieben Millionen Tote allein durch verschmutzte Luft zu beklagen sind. Die Medien haben es unaufgeregt gemeldet: Die Menschen sterben an giftigen Partikeln in der Luft, an Sulfat, Nitrat, Ruß, Feinstaub – den Hinterlassenschaften der Wirtschaft und des Auto- und Flugverkehrs. Diese Stoffe

sind für einen Großteil aller chronisch obstruktiven Lungener-
krankungen und Lungenkrebs verantwortlich, aber auch für ein
Viertel der Todesfälle durch Herzkrankheiten und Hirnschlag.

«Luftverschmutzung bedroht uns alle», wurde WHO-Chef
Ghebreyesus zitiert. In Europa sterben an verdreckter Luft jährlich 550 000 Menschen – das wurde schon seltener erwähnt. In
keiner Zeitung fand ich den Hinweis, dass die Lebenserwartung
jedes Europäers durch verschmutzte Luft im Schnitt mindestens
um ein Jahr gesenkt wird. Könnte, wenn man selbst unmittelbar
betroffen ist, nicht endlich Erschrecken einsetzen? Keine Zeitung
vermerkte die Todesopfer in Deutschland.

Luftkurort Deutschland

Man kann aber in Bonn, beim WHO-Regionalbüro für Europa,
nachfragen. Die zuletzt veröffentlichte Studie geht davon aus,
dass in Deutschland jährlich über 37 000 Menschen an den Folgen vergifteter Luft versterben. Ist Wundern noch erlaubt? Bei
solchen Angaben ist man jetzt hellhörig geworden. Ich will von
den Experten wissen, ob die Betroffenen an oder mit vergifteter
Luft gestorben sind, ob die Kausalitäten so eindeutig feststellbar
sind. Mir wird versichert, dass zwar nicht Individualfälle ausge-
wertet wurden, dass aber über längere Zeiträume repräsentative
Rückmeldungen und ein besseres Verständnis der biologischen
Mechanismen, die einsetzen, wenn man verschmutzter Luft ausgesetzt ist, ein nachweisbares Quantifizieren ermöglichen.

Meine illustrierende Nachfrage, ob man davon ausgehen könne,
dass diese verfrühten Todesfälle nicht eingetreten wären, wenn
die Menschen in einem Luftkurort gelebt hätten, wurde eindeutig bejaht. Jetzt hat der Lockdown aus dem ganzen Land einen
Luftkurort gemacht. Doch die Ehrfurcht vor dem Leben galt
nicht den 37 000 Klima-Opfern des Jahres 2020. Auch wurde

dem Robert-Koch-Institut im vorigen Jahr kaum Beachtung geschenkt, als es seine Studie vorstellte, nach der in Deutschland jährlich bis zu 20 000 Menschen an Infektionen sterben, die sie nicht bekommen hätten, wenn sie nicht ins Krankenhaus gekommen wären. Die Gesellschaft für Krankenhaushygiene geht von weit höheren Zahlen aus. Eine Freundin wurde auf der Entbindungsstation mit Salmonellen infiziert und hat seither ein chronisches Darmleiden. Ungezählte kommen krank aus Krankenhäusern zurück.

Muss im 21. Jahrhundert wirklich noch an Krankenhauskeimen gelitten und gestorben werden? Dort, wo Infektionsschutz den Kliniken kein Geld bringt und deshalb an Hygienepersonal und Laboren gespart wird, allemal. In den Niederlanden hat der Kampf gegen Keime einen ganz anderen Stellenwert – dort gibt es dieses Problem kaum.

Halten wir fest: Wir haben in Deutschland durch versiffte Luft und versiffte Krankenhäuser, also durch von Menschen verursachte Übel, etwa 60 000 Todesfälle im Jahr. Da haben wir noch nicht über die überschrittenen Grenzwerte von Nitrat im Grundwasser gesprochen, für die Deutschland vom Europäischen Gerichtshof verurteilt wurde, oder das undurchsetzbare Tempolimit. All das wird hingenommen, ohne sich für das Leben, gegen die Wirtschaft zu entscheiden. Keine Katastrophe des Humanitären? «How dare you?» wurde zur Anklageformel gegen die Verantwortlichen in Politik und Konzernen.

Sicher, immer schon haben neue, ansteckende Epidemien mehr Aufmerksamkeit erfahren als die nicht übertragbaren schweren Gesundheitsschäden durch verseuchte Umwelt. Dabei fängt mit dem Begriff Umwelt die Verharmlosung schon an. Als seien wir der unangreifbare Fels, der zusieht, wie die Welt um ihn herum Schaden nimmt. Als seien vor allem Bäume, Bienen und Korallen gefährdet. Nein, Umweltschaden ist ein Euphemismus, der unterschlägt, dass wir Teil des Geschehens sind. Der

Mensch selbst ist der personifizierte Umweltschaden. Mit unseren entzündeten Atem- und Verdauungstrakten, den geschwächten Immunsystemen, sind wir die perfekten Wirte für Keime und Viren aller Art. Eine vorbeugende Impfung gegen Klimaschäden wird es nie geben. Eine Pille auch nicht. Und Intensivtherapie kommt erst, wenn intensive Prävention versäumt wurde.

Das Geschäft mit dem Leid

Die WHO bemüht sich seit Jahren, ein Bewusstsein für diese Zusammenhänge zu schaffen. Doch die Betroffenen waren bisher ohnmächtig gegen eine Wirtschaft, die ein Geschäft aus dem Leid macht. Allein die Kosten zur Behandlung derjenigen, die noch nicht an vergifteter Luft gestorben sind, schätzen die WHO-Experten in ihrem Bericht zur Klimakonferenz in Kattowitz auf mehr als fünf Milliarden Dollar im Jahr. Der Preis des Klimawandels schlägt sich in den Hospitälern nieder. Wenn EU-Kommissionschefin Ursula von der Leyen fordert, man müsse nun den Unternehmen helfen, «angesichts der von ihnen unverschuldeten Corona-Krise», übersieht sie, dass den Bürgern schon immer die Rechnung für den Naturverschleiß der Wirtschaft auferlegt wurde. Die Staaten mit dem höchsten Ausstoß an krankmachenden Gasen müssen etwa vier Prozent ihrer Wirtschaftsleistung aufbringen, um die Schäden ihrer Unternehmen einzudämmen. Dabei würde es nur ein Prozent der globalen Wirtschaftsleistung kosten, den Pariser Klimavertrag zu erfüllen. Und so auf Dauer Millionen Menschen vor dem Tod zu bewahren. Warum greifen hier die humanistischen Werte nicht?

Die WHO ist nicht erst jetzt ins Gerede gekommen, wo der oberste Welt-Sündenbock-Finder ihr ausgerechnet in größter Not die US-Beiträge streicht. Zwar konnte sie die Pocken ausrotten und durch Aufklärung den Verbrauch von Nikotin stark senken. Und die Lebenserwartung ist in den meisten Ländern trotz allem gestiegen, auch wenn die gewonnenen Jahre oft mit Einschränkungen verbunden sind. Aber angesichts ihrer auf das Überleben der Menschheit gerichteten Aufgabe war die WHO immer unterfinanziert. Letztlich ist diese UN-Organisation in Forschung und Betreuung nicht leistungsfähiger, als es der Wille ihrer 194 Mitgliedstaaten zulässt. Das macht sie abhängig von privaten Sponsoren, die inzwischen zum Hauptgeldgeber geworden sind.

Man muss einem Bill Gates nicht jeglichen Altruismus absprechen. Aber Unternehmer verbinden ihren Edelmut am liebsten mit Geschäftemacherei. Die Gates-Stiftung hat Kinder und Frauen insbesondere aus Afrika zur Feldforschung benutzt, ihre Impfungen haben geholfen und geschadet. Jetzt wartet alle Welt auf den Messias, der Erlösung durch Corona-Impfung bringt. Also nicht nur eine vorübergehende, sondern die ultimative Lösung. Wieso sollte es gelingen, einen Stoff zu entwickeln, der schneller da ist als die Mutation von Covid-19? Wir kennen das Hase-und-Igel-Rennen von den Grippeimpfungen. Heilsversprechen ist zu misstrauen, erst recht, wenn sie von Privatfirmen kommen.

Der Machtkampf in der WHO spielt sich nur vordergründig zwischen den USA und China ab. Der eigentliche Konflikt besteht zwischen denjenigen, die das Übel an der Wurzel packen wollen, also an der Armut, den maroden privatwirtschaftlichen Gesundheitssystemen und der vergifteten Natur, deren Teil wir Menschen sind. Und denjenigen, die gegen das Gift vor allem ein Gegengift verkaufen wollen. Medikamente, Impfungen, Intensivtherapien, Apps.

Diese Wirtschaft tötet, hat Papst Franziskus angeklagt, ohne dass sich etwas verändert hätte. Erst als das tödliche Virus kam und mit ihm die tägliche Katastrophen-Berichterstattung ein intransparentes Gefährdungsgefühl verbreitete, bebildert auf den Smartphones der Welt erstmals mit als Marsmenschen verkleideten Medizinern, mit überfüllten Leichenhallen, Särgen und gespenstisch leeren Städten, musste und durfte die große Wirtschaft vorübergehend aufhören zu töten. Während die kleine mitgeopfert wurde. Der Autor der *Pest*, Albert Camus, wusste: «Es ist die natürliche Neigung des Menschen, sich und alle Welt mit sich zu ruinieren.»

Ist, was wir gerade erleben, mit der Logik des Absurden besser zu beschreiben als mit der des Rationalen? Denn die würde die Ursache als Prämisse nehmen und die Folge in Relation zu vergleichbaren Folgen setzen. Wer die Ängste und Entbehrungen der letzten Wochen mit der Hoffnung entschädigt, so bald wie möglich zu seinem gewohnten Leben zurückzukehren, hat die Botschaft des Virus nicht verstanden.

Die Pandemie als Krisenmodell
Mangel an Daten, aber nicht an Gewissheiten über Ungeimpfte

Gehören Überlegungen zu Corona-Maßnahmen in ein Kapitel, das sich mit einem hoffentlich absehbaren Frieden beschäftigt? Auf den ersten Blick eher nicht. Ich war nur halb dafür; mein Lektor nur halb dagegen. Auch wenn es sich um einen Kommentar handelt, der wohl mehr positives Echo und Shitstorm bekam als all meine Artikel zuvor. Weil der seelische und körperliche Frieden im Alltag der meisten Menschen in letzter Zeit von nichts anderem so angegriffen war wie davon. Das Thema ist nach wie vor hochemotional, ich vertrete die Erfahrung einer Minderheit – warum soll ich mir gegen Ende des Buches den Zorn einer Leserschaft zuziehen, die bis hierhin gewillt war, mir ihre Aufmerksamkeit zu schenken?

Gerade wenn es um Frieden geht, muss man auch kompromissfähig sein. Aber gehört die Zögerlichkeit, eigene Einsichten in diesen Kompromiss einzubringen, noch dazu? Was ist das für ein Frieden, der einem anempfiehlt, mit einer abweichenden Meinung lieber zurückhaltend zu sein? Wird nicht anhaltend behauptet, eine breite öffentliche Diskussion zum Umgang mit der Pandemie sei dringend erforderlich?

Auch die weltweite Pandemie war eine Zeitenwende. Statt aber solidarisch zusammenzurücken und zu akzeptieren, dass die Ungewissheiten verschiedene Reaktionen rechtfertigen, die auch die Chance bieten, ihre Wirksamkeit zu vergleichen, überspielten die Verantwortlichen ihren Wissensmangel und verordneten Gewissheiten. Der Umgang mit dieser neuen Gefahr reihte sich in ein Muster ein, das in Krisen üblich geworden ist – ob es die der Banken, der Flüchtlinge, der Umwelt war oder die zunehmende Kriegsbereitschaft politischer Eliten. Immer lief es auf eine die Verantwortung verschleiernde Aufteilung in Gut und Böse hinaus, auf Angst oder gar Panik als Instrument der Disziplinierung, auf den Dualismus von Freund und Feind, auf einen inneren Kriegszustand. Auch der kennt nur Verlierer.

Wenn ich in diesem Text *pars pro toto* beschreibe, wie als Schuldige die Ungeimpften ausgemacht wurden und kein Antidiskriminierungsbeauftragter sie vor Verleumdungen schütze, bleibe ich im Themenkreis, der künftige Friedfertigkeit ersehnt. Wir haben schließlich bei der Entscheidung auf die Souveränität des Lesers gesetzt. Wer mit dem Geschehen bereits seinen Frieden geschlossen oder im Moment genug davon hat, rücke gerne umgehend zum nächsten Text vor …

Wir Verbleibenden haben die widersprüchlichen Erfahrungen und Auskünfte des letzten Jahres wohl noch nicht auf den Punkt gebracht. Niemand hat das. In dem vom Bundestag beauftragten Bericht des Corona-Sachverständigenrates vom Juli 2022 heißt es lapidar: Datenmangel seit Langem bekannt. Und bilanzierend: «Insgesamt ist ein Zusammenhang zwischen der Höhe der Inzidenz und der Maßnahmenstärke nicht erkennbar.» Im Klartext: Die Wirksamkeit aller nichtmedikamentösen Corona-Maßnahmen ist bis heute unbekannt. Unbekannt ist noch kein Beweis für unwirksam, aber ein Grund, weniger durchzuregieren und mehr die Ärzte und die Bürger selbst entscheiden zu lassen. «Die Kritik ist vollumfänglich rehabilitiert», titelte *Cicero*.

Selbstbewusster tritt gleichzeitig das RKI-Monitoring zur Wirksamkeit der Impfungen auf. Zwar weise kein Impfstoff eine Effektivität von 100 Prozent auf. Aber gegenwärtig seien 85,2 Prozent der erwachsenen Bevölkerung grundimmunisiert, klingt es stolz. Was für ein Schindluder getrieben mit der absoluten Bedeutung von «immun». Das hehre Versprechen wird heruntergestuft auf den blassen Abglanz, aber man bewegt sich sprachlich noch im Gehege des Trugbildes. Ein bisschen immun geht nicht. Man ist es oder ist es nicht. Wer immun ist, ist unantastbar resistent, vollkommen gefeit. Das ist kein Corona-Geimpfter zu irgendeinem Zeitpunkt.

Immerhin gibt es in dem Bericht beeindruckende Kurven und Diagramme, die nachweisen, dass für Ungeimpfte das Risiko, an Covid 19 zu erkranken und ins Krankenhaus zu müssen oder gar zu sterben, um ein Mehrfaches erhöht ist. Bei Älteren im Vergleich zu Geboosterten um das 9-Fache. Bei der Berechnung der Impfeffektivität könne es allerdings auch zu negativen Werten kommen. Dies bedeute keineswegs, dass Geimpfte leichter erkranken, sondern muss als «Ausdruck statistischer Unsicherheit oder Verzerrung der Daten interpretiert werden». Verzerrte Interpretationen zugunsten der eigenen Thesen? Die Presse beanstandete viele Ungereimtheiten im Bericht, wie selektive Nutzung von Studien und erhebliche Lücken in der Datenerfassung. Die *Welt* fragte: «Versucht das RKI zu verschleiern, dass die Impfung nicht mehr in dem Maße schützt, wie von der Politik behauptet?»

Im Mai 2022 berichtete der *Tagesschau*-Faktencheck von einer Charité-Studie an 40 000 Geimpften, die ergab, dass 40-mal mehr schwere Nebenwirkungen vorkommen als vom Paul-Ehrlich-Institut ausgewiesen. Die Hochrechnung ergäbe für die Bundesrepublik eine halbe Million Geimpfte mit schweren Nebenwirkungen. «Der Kausalzusammenhang kann nicht überprüft werden», hieß es im Check, zumal internationale Befunde anders seien. Und Placebo-Probanden hätten im Übrigen genauso viele Nebenwirkungen. Kaum glaubt man etwas verstanden zu haben, kommt jemand, der das Gegenteil behauptet.

Eines ist aber inzwischen selbst beim RKI unbestritten: «Bislang kann nicht bemessen werden, inwieweit eine Impfung das Übertragen von SARS.CoV-2 reduziert.» Ärzte sollten «Geimpfte als nicht weniger ansteckend betrachten als ungeimpfte Personen».

Wie sehr sind diese «Personen» bis vor Kurzem wegen der vermeintlich nur von ihnen ausgehenden Gefahr von der Gesellschaft als Aussätzige behandelt worden. Sie waren die Unsolidarischen, die schuldhaft in Kauf nahmen, alle zu gefährden. Die Sündenböcke für den Frust und die Angst, die Infektionen nicht besser stoppen zu können. Während Geimpfte und Genesene (2G) ungetestet zu Klubs und Kultur Zugang hatten und sich vergnügen konnten, durften völlig gesunde Ungeimpfte die meisten Geschäfte nicht betreten, keine Gaststätten, kein Konzert, Kino oder Fitness-Studio. Da half kein Test, sie waren ausgeschlossen von Trauerfeiern und Weihnachtsmärkten.

Ihnen wurde strafbewährter Impfzwang in Aussicht gestellt und Kündigung, ungeimpfte Ärzte begannen, ihre Praxen zu schließen. Das Diskriminierungsbedürfnis ging so weit zu erwägen, ob bei Ungeimpften im Krankheitsfall die Lohnfortzahlung ausgesetzt werden solle, ja ob diese «Covid-Idioten» in Krankenhäusern überhaupt noch behandelt werden sollten. Der jetzige Gesundheitsminister prophezeite, die meisten Ungeimpften würden sich anstecken und falls nicht genesen, «leider gestorben sein». So manche Freunde und Familienangehörige, die doch alle selbst an der Situation litten, stellten das Gespräch mit den «Corona-Leugnern» ein. Ungeimpfte Kinder wurden auf dem Schulhof gemobbt. All das war für viele eine nie erlebte diktatorische Willkür, die einsam, wütend und krank machte. Eine solche totalitäre

Versuchung sollte sich in einer Gesellschaft, die die Zuschreibung «friedlich» für sich in Anspruch nimmt, nie, nie wiederholen.

———

(Oktober 2021) Es gibt eine neue, diskriminierte und ausgegrenzte Minderheit im Lande. Gerade die öffentlich-rechtlichen Medien erzählen gern das Märchen von den Guten und den Bösen. Das geht in Ordnung, denn es dient der staatlichen Ordnung. In der die Atmosphäre offenbar noch nicht gereizt und unsolidarisch genug war. Nur einige couragierte Schauspieler, Wissenschaftler und wenige Autoren ergreifen dagegen Partei. Denn wer jetzt noch widerspricht, wird immer öfter gelöscht – in den Orkus der unsozialen Medien. Die inquisitorische Stigmatisierung des Zweifels muss als Form struktureller Gewalt empfunden werden.

Die Pandemie geht nicht so herdenmäßig zurück wie erhofft. Die Gründe sind unklar, aber klar ist, wer Schuld hat: die Ungeimpften. Dass auch Geimpfte infektiös sein können, ist tabu. Der *Deutschlandfunk*, ein der Dissidenz sonst unverdächtiger Sender, fragte am 31. August 2021: «Können Geimpfte andere Menschen anstecken?» Und antwortete: «Gerade bei der Delta-Variante wirken die Impfstoffe nicht so gut. Man kann sich infizieren und das heißt, man kann auch wieder andere anstecken.» Dummerweise haben wir es in Deutschland fast ausschließlich mit der Delta-Mutation zu tun.

Was nicht zu unterschätzen ist und für die Impfung spricht: Offensichtlich schützt sie eine Zeit lang vor schweren Verläufen. Allerdings werden die «Einzelfälle», bei denen diese Zeit kurz ist, von Tag zu Tag mehr.

Die 2G-Experimente im Szeneclub Berghain oder in Clubs in Kreuzberg und anderen Städten haben allesamt zu beachtlichen

Infektionszahlen geführt. Auch die sich untereinander infiziert habenden Spieler vom Eishockey-Klub München waren alle doppelt geimpft. Obwohl die Wirksamkeit der restriktiven 2G-Methode als widerlegt angesehen werden kann, gehen viele Einrichtungen, darunter gern auch linke mit ihrem Zero-Covid-Trugbild, jetzt zu dieser demonstrativen Ausgrenzung über. Schließlich seien die Ungeimpften selbst schuld, wenn sie sich nicht immunisieren lassen, macht der *DLF* in der Presseschau vom 24. Oktober seine Schlappe wieder gut. Dabei ist die Illusion von einem zuverlässigen Schutz vor Ansteckung längst widerlegt. Und regelmäßige Booster-Auffrischungen könnten bei Veranlagung auch zu «Immunerschöpfung» führen.

Zunehmende «Impfdurchbrüche» beobachte ich auch in meinem Umfeld. Ein ganzer durchgeimpfter Verlag ist zurzeit in Quarantäne und konnte nicht an der Messe teilnehmen. Ein jüngerer, prominenter Kollege von mir, doppelt AstraZeneca-geimpft, hat sich auf einer Lesereise infiziert, diese wegen eindeutiger Symptome abgebrochen und dann seine mit Biontech doppelt geimpfte Frau angesteckt. Er sagt, er würde den Verlauf weder mit «mild» noch mit «kurz» beschreiben.

Ratlos macht selbst das weltweite Musterbeispiel für schnelles Impfen. Noch mal die nachdenkliche Sendung des *DLF*: «Aktuell beunruhigen in dem Zusammenhang Meldungen aus Israel. Mehr als die Hälfte der Covid-Patienten in Israels Kliniken waren vollständig geimpft.» Falls ich noch bis drei zählen kann, heißt das, in dem Land mit der etwa gleichen Impfquote wie bei uns, aber dem größeren Erfahrungsvorsprung, liegen derzeit mehr geimpfte als ungeimpfte Pandemie-Fälle in den Krankenhäusern. Müsste man nicht zugespitzt fragen, ob von den Geimpften derzeit sogar die größere Gefahr ausgeht, weil ihnen eingeredet wurde, dass sie geschützt und für andere unbedenklich sind, also zu ihrem «normalen Leben» zurückkehren können? Während die meisten Ungeimpften von sich aus vorsichtig sind.

Für Großbritannien hieß es in besagter Sendung, dass Geimpfte andere Personen «nur halb so häufig» anstecken. Bedenklich genug, immerhin sind dort 80 Prozent doppelt geimpft. Bei uns geht angeblich nur jede zehnte Ansteckung auf einen Geimpften zurück. Es ist, als ob das Virus mit seiner Unlogik uns spottend vor sich hertreibt. Denn unsere Impfquote ist vermutlich genauso hoch wie die britische. Aber wer weiß das schon so genau, allein das Zählen hat uns überfordert. Die häufigsten Redewendungen der *DLF*-Sendung waren dann auch: Es besteht die Hoffnung ..., deuten alle bisherigen Erkenntnisse in Richtung ..., ist aktuell noch nicht klar ..., fehlen dazu ausreichend belastbare Daten.

Immerhin reichen die Daten, um an der Gefährlichkeit des Virus keinen Zweifel zu haben, um diese Krankheit durchaus nicht haben zu wollen. Um wahrzunehmen, dass derzeit vor allem jüngere Ungeimpfte auf den Intensivstationen liegen. Wie mir von einer Pflegekraft auf einer Intensivstation, die aber nicht genannt werden möchte, berichtet wird, sind vor allem Personen aus sozial benachteiligten Umfeldern betroffen, Patienten mit angeschlagenem Immunsystem, wie starke Raucher oder Übergewichtige. Warum sollte auch das Kriterium der Vorerkrankung nur auf Ältere zutreffen?

Warum bin ich nicht geimpft? Es ist verletzend genug, sich für eine so persönliche Entscheidung rechtfertigen zu müssen, weil man sonst gleich in die «radikale Querdenker-Szene» entsorgt wird. Ja, ich war vor drei Jahren unmittelbar nach einer Grippeschutz-Impfung ein halbes Jahr lang mit einer schweren Bronchitis und chronisch erhöhtem Fieber sehr belastend erkrankt. Ja, das ist vielleicht kein hinreichender Grund, Analogien zu anderen Impfungen zu vermuten. Vielleicht aber doch. Erst jetzt las ich in der *Nature* vom 14. Oktober 2021, dass es die Veranlagung geben kann, auf Influenza-Viren «verzerrt» zu reagieren, insbesondere, wenn man einer Impfung ausgesetzt ist. Die Fachwelt nennt das «antigene Erbsünde» und erforscht jetzt (!), ob dieses Phänomen auch bei Sars-CoV-2 auftritt. Die verschiedenartigen Reaktionen des Immunsystems sind offenbar «eines der großen Rätsel der Pandemie». Kein Grund für Hellhörigkeit?

So gibt es für verschiedene Menschen viele verschiedene Gründe für Hellhörigkeit. Etwa den, dass alle in der EU zugelassenen Impfstoffe derzeit nur eine «bedingte Zulassung» haben. Das heißt, sie haben ein beschleunigtes Verfahren durchlaufen, in dem fehlende Daten ausnahmsweise nachgereicht werden können und nicht, wie normalerweise, alle vor der Zulassung vorliegen müssen. Das betrifft etwa das komplette Fehlen von Studien zu Langzeitfolgen, was bisher immerhin eingeräumt wurde. Plötzlich heißt es, Langzeitfolgen von Impfungen seien generell inexistent, was einigen Erklärungsbedarf hinterlässt. Die EU hat damals eine Experten-Taskforce gebildet, die für die Marktzulassung letztlich abwägen sollte, ob der Nutzen die Risiken überwiegt. Aber das ist schwierig, wenn man nicht recht weiß, wie lange der Impfstoff wirkt und auch Antikörper bald nach der Krankheit zugunsten von Gedächtniszellen verschwinden. Die schwer nachweisbar sind, von denen aber zu hoffen ist, dass sie bei einer Neuinfektion Botenstoffe aussenden, die die benötigten Antikörper produzieren.

Besonders problematisch scheint mir, dass Widersprüchliches darüber bekannt ist, ob die Aktivierung der Immunabwehr gegen Sars-CoV-2 die Abwehr anderer Viren und Bakterien bremst. Der Virologe Alexander Kekulé geht davon aus, dass man gegen anderes «dann weniger gut immun» ist. Wie steht es also um das Nutzen-Risiko-Verhältnis für die 95 Prozent aller Krankheiten, an denen sonst noch so gestorben wird?

Die totale Fokussierung auf eine wenn auch ansteckende Krankheit hat etwas Irrationales. Ist es noch erlaubt zu fragen, ob es unter diesen Bedingungen wirklich eine gute Idee war, möglichst die gesamte Weltbevölkerung möglichst jedes Jahr durchimpfen zu wollen? Wäre die Pharmaindustrie nicht besser beauftragt gewesen, sie hätte den weitaus größten Teil der staatlichen und privaten Investitionen auf die Erforschung eines therapeutischen Medikaments konzentriert? Also besser gezielt Erleichterung und Heilung bringen – so wie es ja auch mit Antibiotika gegen bakterielle Erkrankungen gelungen ist?

Das ist komplizierter, aber wirksame Substanzen waren bekannt und sollen vielversprechend in der Erprobungsphase sein. Von Schnellverfahren war da allerdings keine Rede. «Alle menschlichen Verhältnisse stellen sich in den Interessen dar», habe ich einst bei Friedrich Engels gelernt. Warum sollte das gerade in diesem Fall anders sein? Die professionellen Wachhunde des Kapitals haben es verstanden, jegliches Nachdenken über Interessen als «Verschwörungstheorie» wegzubeißen. Genial.

Ich will abschließend nicht das inflationäre Plädoyer für Andersdenkende bemühen. Selbst der Verweis auf Marxens Lieblingsmotto: An allem ist zu zweifeln, könnte hier unterkomplex ausfallen. Zu schwierig sind die ethischen Fragen, vor denen wir stehen. Die Behauptung der Politik, es gehe beim Kampf gegen diese Pandemie um Leben oder Tod, war von Anfang an eine irreführende Anmaßung. Die Herrschaft über den Tod ist uns nun mal nicht gegeben. Wir bleiben der Natur unterworfene Wesen. Aber je mehr künstliche Intelligenz wir kreieren, je mehr natürliche scheinen wir zu opfern.

Die Hoffnung auf Erlösung ist divers, das weiß man doch seit 2000 Jahren. Zwar hat die Zivilisation die Lebenserwartung weit über die biblische Vorhersage hinausgestreckt, aber sie hat sie mit Kriegen, Klimabelastungen, Hunger und Zivilisationskrankheiten auch wieder eingeschränkt. Wir arbeiten bestenfalls daran, einen unwürdigen, vorzeitigen Tod zu vermeiden. Aber ist nicht jeder Tod, der etwas anderes war als das friedliche Einschlafen aus Altersschwäche, ein vorzeitiger Tod? Weil er von einer Krankheit ausgelöst wurde, die zu behandeln nicht erfolgreich oder noch nicht möglich war?

Sich fortschrittlich gebende Mitstreiter wären gut beraten, Krankheit nicht in einen Zusammenhang mit Schuld zu bringen. Impfen als Akt der gesellschaftlichen Solidarität? Von da ist es nicht weit bis zur patriotischen Pflicht. Impfen fürs Vaterland. Demokratie trägt die Versuchung zu Totalitarismus immer in sich. Die biologistische Ausgrenzung aus dem «gesunden Volkskörper» ist noch nicht so lange her.

Ich empfinde die neuerdings ausgestellte Rechnung vom Testzentrum wie einen Strafzettel vom Ordnungsamt. Zu Veranstaltungen, bei denen die Zweifler, Fragesteller und Andersdenkenden zuvor ausgesondert wurden, gehe ich allerdings sowieso nicht.

Die DDR – eine Utopie, an die sich anknüpfen lässt?
Mehr Anti-Zeitgeist geht kaum

Ich wäre von mir aus nicht auf die Idee gekommen, die DDR nachträglich mit einer Utopie in Verbindung zu bringen. Man könnte sagen, nichts lag mir ferner. Aber dass Studenten, die eine aufwändig gestaltete Philosophie-Zeitschrift auf die Beine stellen, diese Idee beschäftigt, hat mich bewegt. Weil für sie das Ende der DDR nicht das Ende eines Nachdenkens über gesellschaftliche Alternativen bedeutet. Ich erinnerte mich an meine frühe These, mit der ich im Osten immer auf Zustimmung, im Westen auf Unverständnis stieß: Die Zweitrangigkeit von Geld war unser Kapital. Dieses Kapital hatte Vor- und Nachteile, war aber doch ein wichtiges Guthaben. Wem die Reflexionen in diesem Text zu wohlwollend klingen, der sei, hört, hört, an das Thema erinnert: DDR-Utopie. (Der Versuch, ein differenziertes DDR-Bild zu zeichnen, hat mich zehn Bücher gekostet, und er dürfte dennoch nicht gelungen sein.)

In einem Kapitel, das über künftigen Frieden nachdenken will, wäre es vielleicht sinnvoller gewesen, über «die BRD – eine Utopie, an die sich anknüpfen lässt?» zu schreiben. Aber danach hat mich aus unerfindlichen Gründen niemand gefragt.

—

(Juni 2020) Die *Narthex* stellte sich bei der Einladung zu diesem Artikel als «Zeitschrift für radikale Philosophie» vor. Das war eine willkommene Herausforderung, denn wie langweilig hätte

ein für unradikale Philosophie passender Aufsatz sein müssen? Und erst das gewünschte Thema – eine Verknüpfung von DDR und Utopie, mehr Anti-Zeitgeist geht kaum. Um nicht in alle Fallen zu tappen, musste die Annäherung über die Dystopie erfolgen, um dann radikal an die Wurzeln zu gehen: Was macht das jeweilige Eigentumssystem mit den Menschen?

Der utopische Gehalt der DDR lag weniger in ihrer Praxis, sondern, wie es sich für eine Utopie gehört, in dem, was sie von ihren objektiven Voraussetzungen her hätte sein können. Nämlich, im Bunde mit der Sowjetunion und den anderen sich sozialistisch nennenden Staaten einen Bruch mit der zerstörerischen kapitalistischen Funktionslogik zu vollziehen. Ein Bruch, der in eine gerechte Gesellschaft mündet, wie sie das kommunistische Manifest einst vorausgesagt hatte. Die Kommunisten könnten ihre Theorie in einem Ausdruck zusammenfassen, hieß es dort: «Aufhebung des Privateigentums». Nicht des persönlichen, versteht sich, sondern des Kapitals als gesellschaftliche Macht, in dem die Lohnabhängigen einzig die Aufgabe haben, diese Macht zu mehren. Ziel aller Aufhebung von Unterdrückung war bekanntlich «eine Assoziation, worin die freie Entwicklung eines jeden die Bedingung für die freie Entwicklung aller ist». Es ist Utopie geblieben.

Zu den objektiven Voraussetzungen für eine realisierbare Utopie gehörte in der DDR die gelungene Entmachtung der Monopolkapitalisten und ihres Finanzadels, der Banken, Börsen und Versicherungen. Und des Landadels zugunsten einer genossenschaftlichen Landwirtschaft. Dass dieses heute utopisch klingende Ziel des Bruchs der Kapitalmacht in den sozialistischen Ländern tatsächlich durchgesetzt werden konnte, war eine historische Chance, von der niemand weiß, ob sie sich je wiederholen wird.

Denn das Kapital hat aus der einmal erfahrenen Niederlage gelernt und seine Privilegien national und international derart verrechtlicht, dass sich der Kapitalismus demokratischer Kontrolle weitgehend entzogen hat. Er hat sich die Freiheit genommen, sich einen Rechtsstaat zu schaffen, der ihm eine juristische Ewigkeitsgarantie gibt, die kaum zu durchbrechen sein wird.

Der utopische Gehalt, der in der gelungenen Entmachtung jahrhundertelang peinigender Unterdrücker steckte, hat damals Intellektuelle in aller Welt begeistert. Von der «Morgenröte der ersten Freiheit» schwärmte Albert Camus und begrüßte «die gewaltigste Hoffnung, die diese Welt je gekannt hat». Der Anfang war begründet, er hatte Gründe, die fortbestehen. Eine Idee wird nicht durch ihre Verfälschung widerlegt. Aber die Verfälschung hat die Macht, die Idee auszulöschen und sich an ihre Stelle zu setzen. Mit gleicher Leidenschaft verurteilte der enttäuschte Camus die «verknöcherte Diktatur», zu der sich die einstige Morgenröte gewandelt hatte.

Die subjektiven Voraussetzungen für eine realisierbare Utopie waren nie gegeben. Das 20. Jahrhundert wäre anders verlaufen, wenn die *Sowjet*-Union nicht nur dem Namen nach eine Räterepublik gewesen wäre. Das internationale Kapital hatte die russische Revolution natürlich nicht kampflos hingenommen. Weltkrieg, revolutionsgefährdende Bürgerkriege mit ausländischer Einmischung, von Deutschen unterstützte Kosaken-Aufstände, Rechtsputsche von Generälen, nach Moskau ziehende Truppen der Weißgardisten – die erste Form des Kommunismus war der Kriegskommunismus. Er schaffte es nicht, Chaos und Hunger zu vermeiden, stattdessen wurde die Arbeit militarisiert, Gewerkschaften entmündigt, Privathandel verboten und die Bauern mit Abgabepflichten gedrückt. Zahllose Mitglieder staatlicher Requisitionsbrigaden wurden getötet. Eine Herausforderung für die «Allrussische Außerordentliche Kommission zur Bekämpfung von Konterrevolution und Sabotage», die Tscheka, die nur mit rotem Terror zu antworten wusste.

Dagegen richtete sich 1921 der Kronstädter Matrosenaufstand, einst die Elitetruppe der Revolution, die jetzt ihre Utopie vom freiheitlichen Sozialismus zu Recht gefährdet sah. Die Teilnehmer versicherten: «Wir wollen nicht zum Alten zurück. Wir sind keine Diener der Bourgeoisie, keine Mietlinge der Entente. Wir sind für die Macht aller Werktätigen, aber nicht für die schrankenlose, tyrannische Gewalt irgendeiner Partei ... Kronstadt regiert das werktätige Volk.»[1] Auch Hunderte Kronstädter Kommunisten unterstützen aktiv den gegen die Bolschewiki gerichteten Aufstand.

Seine blutige Niederschlagung ist Legende. Über den Rat der Volkskommissare konzentrierte Lenin noch mehr Macht in der Partei der Bolschewiki, machte aber auf deren Parteitag im März 1921 immerhin ein Schuldeingeständnis: «Wir haben sehr viel gesündigt, weil wir zu weit gegangen sind: Wir sind zu weit gegangen auf dem Wege der Nationalisierung des Handels und der Industrie, auf dem Wege der Drosselung des lokalen Umsatzes. War das ein Fehler? Zweifellos. In dieser Beziehung war vieles von dem, was wir getan haben, einfach falsch.» Mit seiner Neuen Ökonomischen Politik (NÖP) ohne Ablieferungspflicht, mit Marktbeziehungen und mehr Eigenverantwortung der Produzenten gelang es, die Versorgung zu stabilisieren.

Nichts war in der Sowjetunion weiter von einer Utopie entfernt als die Jahre nach Stalins Machtübernahme. Sein angeblich einer Modernisierung geschuldeter Terror war eine Dystopie. Verbrechen in staatlichem Auftrag. Nicht nur im Kapitalismus, auch hier bewahrheitete sich die Marxsche These, wonach die herrschenden Ideen immer die Ideen der herrschenden Klasse sind. In dem Fall die einer Kaste von Parteifunktionären, die sich die alleinige Verfügung über das verstaatlichte Eigentum anmaßte.

---

1 Kronstädter Iswestia Nr. 9 (11. März 1921). Eine englische Übersetzung findet sich im *Marxists Internet Archive*: https://www.marxists.org/history/ussr/events/kronstadt/izvestia/09.htm

Subjektive Voraussetzungen, um wirklich zu Gemeinwohl zu kommen, waren da wahrlich nicht gegeben. Auch nach Stalins Tod und Chruschtschows halbherzigem Versuch einer Abrechnung konnte sich die Gesellschaft von den stalinistischen Strukturen, in die so viele verwickelt waren, nur langsam und unzureichend lösen. In den 80er Jahren haben sowjetische Schriftsteller und Filmemacher schonungslose Werke vorgelegt. Gorbatschow ist bei seinem Reformvorhaben, demnach der Sozialismus die Demokratie wie die Luft zum Atmen braucht, ebendiese Luft ausgegangen. Auch eher aus subjektiven Gründen. Jelzin, der, seinen westlichen Beratern folgend, die neoliberale Schocktherapie zuließ und damit die Wirtschaft in kürzester Zeit in die Zahlungsunfähigkeit und in die Abhängigkeit privater Investoren und Oligarchen trieb, hat den historischen Bogen des Niedergangs einer Utopie vollendet.

Ohne diesen Hintergrund ist die Frage, ob sich aus der Hinterlassenschaft der vom «großen Bruder» stets abhängigen DDR irgendein utopietauglicher Anknüpfungspunkt ergeben könnte, nicht zu beantworten. Die DDR, unmittelbar an der Demarkationslinie zwischen den feindlichen Blöcken Nato und Warschauer Pakt gelegen, war ökonomisch immer das Schaufenster des Sozialismus. Und zwar wider alle Bankrottunterstellungen bis zum Schluss. Ideologisch und insbesondere kulturpolitisch war sie wohl aber an ebendieser Linie, in nachträglich erst recht unbegreiflicher Weise, das von oben vorgegeben linientreuste, bor**n**ierteste und engstirnigste Land im osteuropäischen Lager. Und wurde damit zum passenden Pendant des «totalitären Antikommunismus der Westdeutschen», wie ihn der Publizist und Ständige Vertreter der Bundesrepublik Deutschland in der DDR, Günter Gaus, seinen Landsleuten vorhielt. Hemmnisse, die beeindruckende Kunstwerke und widerständige Schriften auf beiden Seiten nicht ausschlossen.

Auch nicht beeindruckende praktische Leistungen auf beiden

Seiten. Es hat in der Weltgeschichte kein vergleichbares Experiment gegeben, in dem zwei Staaten gleicher Nationalität, gleicher kultureller und geschichtlicher Herkunft, aber entgegengesetzter politischer Systeme, vierzig Jahre nebeneinander um die besseren Lösungen konkurrierten. Es gibt dennoch seit nunmehr dreißig Jahren von westlicher Seite keinerlei Neugier auf eine vergleichende Geschichtsschreibung, auf die unvollendeten Ideen, aber auch praktischen Erfahrungen dieses Experiments, die seit dem Umbruch auf der Straße liegen und auf diesem für sie ungeeigneten Platz zwangsläufig mit Füßen getreten werden. Der sozialistische Entwurf gilt als gescheitert und deshalb nicht weiter hinterfragenswert. Es sei denn, durch so hochdotierte Einrichtungen wie die «Bundesstiftung zur Aufarbeitung der SED-Diktatur». Aufarbeitung ist immer aufschlussreich. Einseitige Aufarbeitung allerdings gibt vorrangig Aufschluss über die Methoden der staatlich gelenkten Geschichtsklitterung. Wenn 30 Jahre nach Maueröffnung 74 Prozent der befragten Ostdeutschen sagen, sie fühlten sich heute nicht wohler als zu DDR-Zeiten, und die *Zeit* diese Umfrage[2] auf der Titelseite mit der Schlagzeile eröffnet: «Die staatliche Willkür in der DDR war auch nicht schlimmer als heute», dann greift das simple Narrativ von Diktatur versus Freiheit nicht mehr.

Selbstverständlich muss man Opfern von Repressionen in der DDR auch wissenschaftlich gerecht werden. Auf diese Gerechtigkeit vor der Geschichtsschreibung haben allerdings auch die emanzipatorischen Leistungen, die unter derselben «SED-Diktatur» erbracht wurden, Anspruch.

Ausgerechnet ein Hans Mayer, der zu den kritischen Intellektuellen gehörte, die die DDR-Oberen unverzeihlicherweise aus dem Land gedrängt haben, schrieb in seinem letzten Buch:

---

2 Dreiseitige Umfrage in der *Zeit* vom 2. Oktober 2019.

«Auch die Deutsche Demokratische Republik ist eine Utopie gewesen. Über eine solche These wird gelacht werden, doch wäre das ein ‹dummes Lachen› im Sinne des zum Tod verurteilten Mackie Messer. Vierzig Jahre lang wurde in fünf deutschen Ländern nicht bloß unterdrückt, bestraft, hochmütig belehrt, sondern auch gehofft, gewartet, die Vernunft und die Menschlichkeit ‹geplant›: für Frauen, für Kinder, alte Leute, für Arme und Unwissende. Es erwies sich, wie die Juristen inzwischen festgestellt haben, als ein ‹untauglicher Versuch mit untauglichen Mitteln›. Trotzdem kein Grund zum Gelächter. Am Einsturz des Turmes von Babel kann vieles gelernt werden ... Das Ende der DDR bedeutet nicht das Ende eines Denkens über gesellschaftliche Alternativen ... Die Deutsche Demokratische Republik war stets eine deutsche Wunde. Sie wird es bleiben und nicht heilen, solange man nicht erkennt, dass hier eine deutsche Möglichkeit zugrunde ging. Vielleicht gar verspielt wurde.»

Nicht nur die Sozialdemokraten wollen bis heute nicht zur Kenntnis nehmen, dass die traditionellen antikapitalistischen SPD-Forderungen, die den Geist von Godesberg überlebt hatten, wenn überhaupt, dann nur in der DDR umgesetzt wurden. Um dafür Beispiele zu finden, muss man sich nur die wörtlichen *SPD-Programmziele* aus den 90er Jahren anschauen, deren praktische Umsetzung in der DDR deutlich weiter gediehen waren: Abbau der Klassenvorrechte, mehr Gleichheit in der Verteilung von Einkommen und Vermögen, Beteiligung aller am Produktivvermögen, Verhinderung von Bodenspekulation, Vorrang von Nutzungsrechten (Erbbau, Miete, Pacht) bei der Grundstücksverfügung, Vergesellschaftung als demokratisches Element und Förderung des Genossenschaftsgedankens, Zurückdrängung des Einflusses von Banken und Versicherungen auf Grundentscheidungen der Wirtschaft, Vollbeschäftigung und soziale

Sicherheit, Gleichberechtigung von Mann und Frau, Kindergärten und Ganztagsschulen, elternunabhängige Bildungschancen, Zugang zu Sport und Kultur für alle.

Und den Grünen ist erst recht nicht aufgefallen, dass einige ihrer Forderungen nur auf der anderen Seite umgesetzt wurden. Wörtliche *Programmziele der Grünen* aus den 90er Jahren, deren Verwirklichung in der DDR weiter gediehen war: eine grundsätzliche Neuorientierung beim Umgang mit Grund und Boden (Verfügung gesellschaftlich steuern), tiefe Eingriffe ins Mietrecht, Mietpreisbindung, Abschaffung des Berufsbeamtentums, Trennung von Kirche und Staat, keine Gewaltdarstellung in Medien, Vorrang der Schiene vor der Straße, auf Straßen Höchsttempo 100, weg vom Autozwang durch preiswerten öffentlichen Nah- und Fernverkehr, eine Studienfinanzierung, die Studenten nicht zwingt, nebenbei erwerbstätig zu sein, Streichung des § 218, kostenlose Pille.

Auch ein zentrales Versprechen der EU-Kommission zu ihrem Grünen Deal war in der DDR aus Gründen der Sparsamkeit selbstverständlich: das Recht auf Reparatur. Wiederverwendbare, langlebige und reparierbare Produkte sollen nun gefördert werden, da sie an sich nicht marktgerecht sind.

Warum konnten die meisten dieser offensichtlich vernünftigen, aber grundstürzenden Eingriffe in der DDR in Angriff genommen werden, während sie in der Bundesrepublik keine oder schlechtere Chancen hatten? Der Hauptgrund dürfte in der Abschaffung des derartige Ziele bremsenden privatwirtschaftlichen Eigentums gelegen haben. Nur die dadurch gewonnenen größeren Handlungsbefugnisse der Politik konnten erstmalig die Logik des Maximalprofits brechen und die Kapitalmacht in ihre Schranken weisen. Bankiers, Börsianer, Spekulanten, Unternehmer und Großgrundbesitzer gaben nicht mehr den Ton an. Wenn es überhaupt eine historisch zu nennende Leistung des Pseudosozialismus gegeben hat, dann war es diese. Hätte man sich für diese Erfahrung interessiert, wäre die Finanzkrise vielleicht vermeidbar gewesen.

Die Jahrtausendfrage der Machtbeschränkung ist weit unter das Reflexionsniveau zurückgefallen, das es während der Konkurrenz der Systeme schon einmal hatte. Wie gelang es in den Ländern des sowjetischen Machtbereichs erstmalig, die sozialen Menschenrechte anzuerkennen und weitgehend zu garantieren? Warum ist dennoch die Verbindung von Gleichheit und Freiheit in der Menschheitsgeschichte bisher nie geglückt?

Die Eigentumsfrage ist das Kernproblem der kapitalistischen Gesellschaft geblieben. Wer die Systemfrage stellt, kommt an ihr nicht vorbei. Die in Artikel 15 des Grundgesetzes als Option angebotene Gemeinwirtschaft ist verfassungsrechtlich und erst recht in der Praxis *terra incognita*. Gemeineigentum war nach dem Krieg den Westalliierten als Einfallstor für die Demokratisierung der Wirtschaft schlicht unerwünscht. Und ist es dem ‹Geldwesten› bis heute. Eine Gesellschaft, in der Gemeineigentum dominant ist, wäre die einzige, die gemeinschaftlich erwirtschaftete Überschüsse aus freiem, demokratisch ermitteltem Willen in einen Topf werfen kann, aus dem ein Luxus anderer Art erwirtschaftet wird: heilig nicht Geld, sondern Gesundheit von Mensch und Tier in unbeschadeter Natur. Ein solcher partizipativer Sozialismus, oder wie immer man das neue System nennen mag, käme einer Ordnung nahe, die die Leitidee des Kapitalismus tatsächlich umkehrt.

Heute wird der Erfolg der Einheit oft nur am Stand des «Aufholprozesses» an eine westliche Ordnung gemessen, die zum Zeitpunkt des Beitritts eine «nachholende Modernisierung» genauso nötig hatte wie der Osten. Unter dem aus allen Kontexten gerissenen Adorno-Motto «Es gibt kein richtiges Leben im falschen» wurde von Politikern, Politologen und Leitmedien mit viel manipulativem Aufwand der Westen zum einzig lohnenswerten Lebensmodell stilisiert. Dass heute voraussetzungslose Dahingerede von ebendiesen Stilisierern, man hätte die Leistung der Ostdeutschen mehr würdigen müssen, übersieht, dass es deren wichtigste Lebensleistung war, die Umsetzung einer Utopie wenigstens versucht zu haben.

Es war alles andere als nachlässig, sondern ganz und gar folgerichtig, ebendiese Leistung nicht zu würdigen, sondern zu denunzieren. In einer in dunkelgrauen Tönen gehaltenen DDR als einem korrupten, bankrotten Spitzel-, Doping-, Unrechts-Staat hatte sich jeder zumindest moralisch schuldig gemacht, der dagegen nicht opponiert hatte. So manche bis dahin nicht durch größeren Mut aufgefallenen DDR-Bürger fühlten sich in eine Lage versetzt, in der sie von ihrer nachträglichen Denunziation der Lebensbedingungen erhofften, sich von Mitverantwortung zu entlasten und sich über die am utopischen Ansatz Festhaltenden zu erheben. Sie wurden und werden im Westen gern gehört. All das brachte die Ostdeutschen flächendeckend in eine Defensive, die ihre bis heute skandalöse Unterrepräsentanz in so gut wie allen leitenden Ämtern dieses Landes auch noch nach dreißig Jahren erklärt.

Der sogenannte Paradigmenwechsel zur Geschichtsschreibung über die DDR vollzieht sich meist nur an der Oberfläche. Halbherzig werden Projekte oder Produkte gewürdigt, deren Schöpfer es kreativ verstanden haben, sie tauglich für die Marktwirtschaft zu machen. Anpassung und Cleverness sind der Maßstab. Zu viel Selbständigkeit befremdet aber immer noch. Als eine Tageszeitung erstmalig von einem wirtschaftlich erfolgreichen, ostdeutschen Ehepaar gekauft wurde, ergoss sich in den konkurrierenden Zeitungen der übliche Shitstorm, bis hin zum Hervorzaubern einer belanglosen Stasi-Akte. Doch dieser Fall machte auf ungewohnte Art deutlich, dass rechtmäßige Eigentümer, selbst wenn sie Ostdeutsche sind, nicht entlassen werden können. Sie genießen eine größere Autonomie als Lohnabhängige. Was für die *Berliner Zeitung* den Vorteil hatte, dass differenziertere und substanziellere Perspektiven aus Ostdeutschland ermutigt wurden. So hieß es in einem Leserbrief: «Wir sind überrollt worden, vor allem wurden wir vereinzelt. Wir wurden zu Konkurrenten um Arbeitsplätze und Zukunftschancen. Soziale Gleichheit haben wir verloren, ohne die neuen Freiheiten richtig nutzen zu können. Ausnahmen sind selten.»

Es wird der kommunistischen Utopie gern hämisch vorgeworfen, sie habe den aberwitzigen Plan gehabt, einen «neuen Menschen» zu schaffen. Einen *Homo sovieticus*[3]. Das mag in der Tat aberwitzig sein, aber es wird unterschlagen zu erwähnen, von welchem Menschenbild sich das neue absetzen sollte. Nämlich nicht vom vorzivilisatorischen ‹alten Adam›, sondern vom deformierten *Homo oeconomicus*, dessen Schöpfer der Kapitalismus war. Im Kommunistischen Manifest heißt es dazu, die Bourgeoisie habe «kein anderes Band zwischen Mensch und Natur übriggelassen, als das nackte Interesse, als die gefühllose ‹bare Zahlung›». Diese Konkurrenzwirtschaft hat für ihren unbestreitbaren Erfolg einen hohen Preis bezahlt, denn sie hat aus purer wirtschaftlicher Überlebensnotwendigkeit ihren neuen Menschen der Gefühllosigkeit ausgesetzt.

Herbert Marcuse hat den neuen Menschen des Kapitalismus später als den «eindimensionalen Menschen» bezeichnet. Seine wahren Bedürfnisse seien manipulativ durch künstliche Konsumwünsche ersetzt worden, wodurch er seine Kritikfähigkeit

---

3 So nennt Swetlana Alexijewitsch in *Secondhand-Zeit. Leben auf den Trümmern des Sozialismus* den «neuen Menschentyp», der im Laboratorium des Marxismus-Leninismus entstanden sei. «Wir alle, die Menschen aus dem Sozialismus, ähneln einander und sind anders als andere Menschen – wir haben unsere eigenen Begriffe, unsere eigenen Vorstellungen von Gut und Böse, von Helden und Märtyrern.» Den alten Menschen umzumodeln sei vielleicht das Einzige, was im Kommunismus gelungen sei.

verloren habe und zu einer affirmativen Kraft geworden sei, die den Status quo stabilisiert. Die verhaltensprägende, normative Kraft der auf Privateigentum beruhenden Gesellschaft ist enorm.

Aber was sind wahre Bedürfnisse? Literatur-Nobelpreisträgerin Swetlana Alexijewitsch beschreibt das «Leben auf den Trümmern des Sozialismus» und lässt ein Paar zu Wort kommen, das an der philosophischen Fakultät der Leningrader Universität ein Studium abgeschlossen hat. Danach hat sie sich eine Stelle als Hauswart gesucht und er als Heizer – beides Tätigkeiten mit sehr viel Freizeit. Sie haben deutlich weniger verdient, als ihnen zugestanden hätte, aber diese «Rubel weniger bedeuteten absolute Freiheit». Sie lasen Philosophen und Dichter und diskutierten sie abends am Küchentisch mit Freunden. Die neuen Spielregeln empfanden sie so: «Wenn du Geld hast, bist du ein Mensch, hast du keins, bist du ein Niemand. Wen interessiert es, dass du den ganzen Hegel gelesen hast?» Die neue Freiheit sei eine Rehabilitierung des Kleinbürgertums, niemand spreche mehr über eine Idee. «Heute hat niemand mehr Zeit für Gefühle – alle verdienen Geld. Die Entdeckung des Geldes war wie die Explosion einer Atombombe.»[4]

Liegt hier der Ansatz einer Antwort auf das Rätsel, weshalb der Umgang der Menschen in der DDR untereinander bis heute als gemeinschaftlicher, warmherziger, mitfühlender, interessierter, da nicht so berechnend beschrieben wird? In den einzigen Erklärungsmustern, die dem *Homo oeconomicus* zur Verfügung stehen, findet sich schnell eine andere Auslegung: Notgemeinschaft. Man möchte ihm zurufen: Du gleichst dem Geist, den du begreifst. Wer es nicht selbst erlebt hat, steht einer naheliegenderen Interpretation mit komplettem Unverständnis gegenüber: Unser Kapital war die Zweitrangigkeit von Geld.

---

4 Ebenda S. 23 f.

Das galt zwischen Paaren, denen Eheverträge fremd waren, zwischen Erblassern und Erben, die für den letzten Willen selten ein Testament brauchten, zwischen Mietern und Vermietern, die wussten, dass die sowieso niedrige Miete niemals erhöht werden durfte und Kündigungen, etwa wegen Eigenbedarf, undenkbar waren. Es galt zwischen Ärzten und Patienten, die auf der Basis völliger Kostenfreiheit von Behandlungen und Medikamenten miteinander umgingen, zwischen Universitäten und Zugelassenen, die nicht automatisch immer wieder eine besser betuchte Elite rekrutierten. Es galt für die gesellschaftliche Konfliktbewältigung von kleineren Streitigkeiten im Betrieb oder Wohngebiet, wo weder Anwaltszwang noch Prozesskosten drohten, sondern gewählte Schieds- und Konfliktkommissionen nach verständlich formulierten Gesetzen außergerichtlich entscheiden konnten. Es galt zwischen Urlaubern und Hoteliers, die wussten, dass es niemanden gibt, der sich nicht ein betriebliches Ferienheim leisten kann, weil man dort billiger lebte als zu Hause. Es galt zwischen Künstlern und ihrem Publikum, das die subventionierten Preise für ihre Werke allemal aufbringen konnte. Und es galt vor allem zwischen Kollegen, die sich gegenseitig nicht die Arbeitsplätze streitig machten und deren Einkünfte von einem mehr oder meist weniger guten Mittelwert nach oben oder unten nicht drastisch abwichen. Nicht das Geld schuf Hierarchien. Dadurch waren die dennoch verbliebenen meist flacher. Das Verhältnis von Herr und Knecht, von Vorgesetzten und Arbeitern, war in bestimmten Bereichen auf den Kopf gestellt.

Dass alles auch eine Kehrseite hat, ist eine dialektische Binsenweisheit, die auf der Hand liegt. Zweitrangigkeit heißt nicht, dass Geld gar keine Rolle spielte. Nicht jeder konnte sich alles leisten. Auch waren in einer Wirtschaft mit Mangelerscheinungen Beziehungen oft hilfreicher als Geld. Und andererseits hätte die Motivation, mit Gemeineigentum genauso achtsam umzugehen wie mit privatem, größer sein können. Am ehesten spielte Geld dort eine Rolle, wo noch privatwirtschaftliche Spurenelemente wirkten, etwa bei den Chancen, einen der immer knappen Handwerker zu verpflichten. Oder über den Besitz von blauen Kacheln[5], mit denen man die mit ihnen beabsichtigten Privilegien importieren konnte.

«Nach Golde drängt, Am Golde hängt Doch alles. Ach wir Armen!», wusste auch Gretchen. Ja, ihr Armen! Faust setzt seine Utopie vom freien Volk auf freiem Grund dagegen. Der freie Grund war geschaffen. Das Volkseigentum konnte in der historisch kurzen und von Gewalt gezeichneten Zeit seines Bestehens den ideologischen Überbau nicht demokratisieren, diese Erfahrung dürfte bei etwaigen künftigen Versuchen nicht unberücksichtigt bleiben. Im Sozialen aber gab es durchaus emanzipatorische Entwicklungen, das Maß an Selbstbewusstsein und Zusammengehörigkeitsgefühl an einer Basis, in der nicht jeder gegen jeden konkurrieren musste, ist heute kaum noch nachvollziehbar. Zumal keinerlei Forschung über die sozialen Folgen von Volkseigentum finanziert wurde. Wäre dieses Wissen doch Voraussetzung dafür, im zweiten Anlauf bestimmte strukturelle Fehler, Irrtümer, unsinnige ökonomische Hebel von vornherein zu vermeiden, aber auch die eingetretenen emanzipatorischen Folgen nicht zu unterschätzen.

Stattdessen wurde die Mär gepflegt, die Volkskammerwahlen im März 1990 hätten bewiesen, dass die DDR-Bürger so schnell wie möglich mit Westgeld im blühenden Westgarten leben wollten. Sie stimmte schon vor der Wahl nicht, das Wahlergebnis entsprach ihr nicht und die Folgen der Wahl erfüllten solche Hoffnungen nicht. Vielmehr waren die Wähler durch Desinformationen, Zermürbung und Erpressung einer Pseudoentscheidung zwischen der eigenen, angeblich zahlungsunfähigen Wirtschaft und dem Heilsversprechen der D-Mark ausgesetzt worden.

---

5 Im Volksmund für 100-DM-Scheine.

7,5 Millionen D-Mark hatten die Westparteien ohne Erlaubnis in den DDR-Wahlkampf gesteckt, über die Hälfte davon in die von Kanzler Kohl geschmiedete, konservative «Allianz für Deutschland». Zu den ersten Lektionen, die die Ostdeutschen zu lernen hatten, gehörte die Einmischung in und die Käuflichkeit von Wahlen.[6] Es waren Westwahlen auf dem Territorium der besetzten DDR. Die Ostler hatten eher die Rolle von umworbenen Statisten. Den Leuten wurde eingeredet, um ihren Besitzstand zu wahren, sei es das Beste, die Kräfte des Geldes zu wählen. Sie wollten das Kapital und wählten die Kapitulation.

Bevor das neu gewählte Parlament seine Arbeit aufnahm, stellten die DDR-Bürger in der ersten repräsentativen Meinungsumfrage nach der Wahl im April 1990 noch einmal klar, was nun deren Regierungsauftrag ist.[7] Nach der Einheit als solcher musste nicht mehr gefragt werden, die stand für niemanden mehr zur Disposition. Aber 83 Prozent lehnten immer noch einen schnellen und bedingungslosen Beitritt ab. Nahezu alle, nämlich 95 Prozent, wollten, dass beide Regierungen als gleichberechtigte Partner auf das Wie der Einheit Einfluss nehmen. Das ganze Volk hatte verstanden, dass der Osten eine eigene Interessenvertretung braucht. Wozu wohl, wenn es angeblich nur darum ging, so schnell wie möglich im Status quo des Westens anzukommen?

Der eigentliche Wunsch bestand vielmehr bis zuletzt darin, Eigenes in die Einheit einzubringen. Und zwar nicht Ampel- oder Sandmännchen. Es ging um die Kernsubstanz – 68 Prozent wollten das Volkseigentum erhalten und nur daneben andere Formen zulassen. Das Misstrauen gegen Versprechungen von Politikern aller Couleur war gewachsen, weshalb man ihnen keinesfalls

---

6 Siehe hierzu ausführlicher das Kapitel «Volkslektüre – Eine Presseschau». In: Daniela Dahn / Rainer Mausfeld, *Tamtam und Tabu. Die Einheit: Drei Jahrzehnte ohne Bewährung*. Frankfurt am Main 2020.

7 Siehe: Peter Förster / Günter Roski, *Meinungsforscher analysieren den Umbruch*. Berlin 1990, S. 86.

sein Schicksal in die Hände legen wollte. Die von der Bürgerbewegung favorisierte Basisdemokratie stand immer noch hoch im Kurs – 77 Prozent hielten es für erforderlich, das Verhandlungsergebnis ihrer Abgeordneten durch eine Volksabstimmung überprüfen zu lassen.

Nachdrücklicher kann nicht belegt werden, wie anhaltend verschieden die Prägungen nach 40 Jahren in unterschiedlichen Systemen waren. Beide Grundtypen von «neuen Menschen» haben sich zum Glück noch nicht restlos angeglichen. Und werden es hoffentlich so bald auch nicht tun. Denn gerade aus dieser Reibung könnten Funken sprühen, die mit utopischem Potential aufgeladen sind.

Frieden für das hungernde Afrika
Es gäbe Wichtigeres zurückzugeben
als die Benin-Bronzen

(September 2022) Afrika hungert, weil durch den Krieg in der Ukraine die Getreideschiffe blockiert sind? Das ist eine eher verkürzte Sicht. Aber geeignet, die eigentlichen Verursacher zu entlasten. Afrika hungert seit Jahrzehnten, jetzt könnte diese Schande durch die zeitweilige Blockade ukrainischer Schiffe durch Minen und die Weigerung, russische Getreideschiffe in europäischen und ausländischen Häfen zu versichern und abzufertigen, in der Tat verschärft werden. Der kriegsbedingte Ausfall von Weizen-Lieferungen soll allerdings nur knapp ein Prozent der Weltproduktion ausmachen. Es hungern auch ohne dieses Kriegsdrama 815 Millionen Menschen weltweit. Was nicht sein müsste, wenn nicht andere Dramen dahinterstünden.

Wegen nie dagewesener Dürre hat Indien, nach China zweitgrößter Weizenexporteur der Welt, vorerst alle Weizenexporte eingestellt. Aus vielfältigen Gründen sind 57 Länder bereits 2015 an dem *UN-Millenniumsziel* lautlos gescheitert, den Hunger zu halbieren. Verhungern ist ein quälend langer Tod, die Sterbenden sind zu schwach, um zu schreien. Allein in Ostafrika sind im vergangenen Jahr mehr als 260 000 Kleinkinder verhungert. Der *UN-Agenda 2030*, die bis dahin weltweit den Hunger abschaffen will, steht ebenfalls Versagen bevor. Wir sind ohnmächtig gegenüber dem strukturellen Hunger als Folge der kannibalischen Weltherrschaft der multinationalen Konzerne, deren Macht so gut wie unkontrollierbar ist (Jean Ziegler). Die Oligarchen der westlichen Ordnung verstehen es, gern unter dem Deckmantel der Entwicklungshilfe, noch aus den ärmsten Regionen Profit zu ziehen. Doch Renditeversprechen helfen den Falschen.

In Afrika ist jeder Dritte der rund eine Milliarde Menschen permanent schwerstunterernährt. Dabei leben 80 Prozent der Afrikaner auf dem Land, stellen also bäuerliche Erzeugnisse her. Und werden nicht satt dabei. All diese Missstände sind seit langem bekannt, so lange, dass sie uns kaum noch erschüttern, wenn nicht ermüden. Sie scheinen unabänderlich in ihrer Komplexität – das Klima, die Dürreperioden, die Heuschreckenplagen, dazu Pandemien, Aids, bewaffnete Konflikte, Korruption, gestörte Lieferketten, fehlende Infrastruktur – eigentlich nichts, was mit uns zu tun hat.

Man kann das ganze Elend Afrikas nicht nur in den Kolonialschoß legen. Und Respekt vor allen, die sich für die überfällige Rückgabe von Kunstwerken eingesetzt haben, deren Raub zu Recht als Akt der Dehumanisierung begriffen wird. Aber die anhaltende Ignoranz gegenüber der bis heute gravierendsten kolonialen Dehumanisierung macht sprachlos.

Da rettet einen vor Zynismus nur Ironie: Schließlich ist Antikolonialismus uns endlich ein großes Thema geworden. Allein 75000 kulturelle Raubgüter aus Afrika im Bestand des kopierten Preußen-Schlosses. Die Benin-Bronzen. Spät, aber nicht zu spät, bekennen wir uns zu dem Unrecht. So schwer fällt uns der Verzicht nun auch wieder nicht, wir werden bald auf ganz anderes verzichten müssen. Benin-Bronzen hin oder her. Aber für die überschaubare Schicht des afrikanischen Bildungsbürgertums, unter ihnen nicht wenige Extremreiche, ist es mehr als Symbolpolitik. Wir geben ihnen ihre kulturelle «Identität» zurück. Auch wenn uns gesagt wird, heute sei niemand mehr identisch mit den Abbildern aus den Monarchien voriger Jahrhunderte, in denen diese Kunstwerke entstanden – wir lassen uns unsere neue Großzügigkeit nicht als zeitgemäßen Ablasshandel kleinreden. Dann müssen die Objekte eben resozialisiert werden. So werden sie das Leben der Nigerianer bereichern. Selbst das der 13 Millionen Armen, die hungern? Auch wenn die Minderheit, die in Museen geht, nicht versteht, dass es besser wäre, wenn *wir* die Museen bauen. Doch die intellektuelle Elite wird dennoch ausstrahlen, auf alle.

Das kennt man ja von unserer eigenen Elite. Die immer reflektiert, wie sehr der europäische Kolonialismus über vier Jahrhunderte Traditionen ausgemerzt und ein kollektives Trauma hinterlassen hat, das die behauptete Minderwertigkeit verinnerlicht. Wie wir Fatalismus und mangelndes Selbstvertrauen erzeugt haben, eine mentale Last, welche die Wertschätzung der eigenen Kultur niederdrückt. Die Rückgabe wird den Heilungsprozess einleiten. Wenn die Bronzen erst den Bonzen gefallen, dann bald auch den Bauern.

Unser Leben wird die museale Fehlstelle eher nicht beeinträchtigen. Sonst hätten wir uns das auch noch mal überlegt mit der Rückgabe. Denn was das Leben der meisten Afrikaner wirklich verändern würde, das geben wir lieber nicht zurück. Wir, die alten weißen europäischen Neokolonialisten und deren duldsame Mitläufer, Mitsäufer. Das würde dem einen oder der anderen von uns dann doch schmerzlich an die eignen Besitzstände gehen. An die wohlverdienten Gewinne. Und es wäre auch eine gefährliche Präzedenz, mit unabsehbaren Folgen für weitere Urteile.

Um auf die Ironie langsam zu verzichten: Es gäbe wahrlich Wichtigeres zurückzugeben als die Benin-Bronzen. Wichtiger für die Afrikaner. Und deren Identität. Aber diesen Gedanken zu vertiefen liegt nicht in unserem Interesse. Deshalb weiß zum Glück auch kaum jemand, wovon die Rede ist. Uns liegt daran, es nicht an die große Glocke zu hängen: Etwa drei Viertel des Agrarlandes in Afrika gehört weißen Farmern oder ausländischen Privatkonzernen. Den politischen Nachkommen und natürlichen Erben der Kolonialherren. Man könnte diesen Missstand auch politisches Erbe der Sklaverei nennen.

Damals begannen die Weißen, Afrika unter von ihnen erlassene Gesetze und Verordnungen zu zwängen. Aus dieser Abhängigkeit hat sich der schwarze Kontinent bis heute nicht befreit. Selbst die Toten im Mittelmeer gehen auf diese 500-jährige Geschichte zurück. Das bis heute größte Problem bleibt tabu – die Akzeptanz der kolonialen, entschädigungslosen Vertreibung der Afrikaner von ihrem Land. In vielen Regionen hat die Arbeitslosigkeit die 70-Prozent-Grenze überschritten. Das ist zufällig auch der Anteil, zu dem in der einstigen deutschen Kolonie Namibia das Farmland unverändert im Besitz der Nachfahren von weißen Siedlern ist. Selbst wenn die Entschädigungszahlungen für die Qualen der Nama und Herero endlich in Gang kommen, wird das Grundübel unberührt bleiben.

Dieses Übel ist angeblich deshalb nicht rückgängig zu machen, weil Enteignungen diktatorisch und rechtsstaatswidrig sind, Grundbücher dagegen heilig – da sei das römische Recht davor. Investoren brauchen Rechtssicherheit. Das Völkerrecht hat es auch versäumt, dem kolonialen Unrecht entgegenzutreten. Wenn westliche Staaten allerdings den politischen Willen haben, in Eigentumsrechte einzugreifen, geht das quasi von heute auf morgen. So erlebt beim von Westdeutschen formulierten *Gesetz zur Regelung offener Vermögensfragen* vom August 1990. Dieses bestimmte noch vor Vollzug der deutschen Einheit, dass DDR-Bürger, die Häuser und Grundstücke gekauft hatten, die vor meist zwei Generationen Westdeutschen gehörten, diese nun unter exzessiv formulierten Bedingungen zurückzugeben hätten.

Dafür wurde eigens der juristisch nicht vorgeprägte Begriff *unredlicher Erwerb* eingeführt, um Kaufverträge rückwirkend für ungültig zu erklären. Unredlich war demnach, wer durch «Ausnutzung einer persönlichen Machtstellung auf die Bedingungen des Erwerbs» einwirkte oder sich die «herbeigeführte Zwangslage des ehemaligen Eigentümers zu Nutze gemacht hat». Rückgabe vor Entschädigung hieß die Devise, also wo immer möglich, sollte das Grundstück von den neuen Eigentümern entschädigungslos an die alten zurückgegeben werden. Nur falls das ausgeschlossen war, sollte der ursprüngliche Besitzer entschädigt werden. Mindestens die Hälfte der DDR-Bürger war mit Rückgabe-Forderungen konfrontiert.

Diese Definition von Unredlichkeit trifft allerdings sehr viel besser auf die Art und Weise zu, in der weiße Kolonialherren den schwarzen Besitzern Ländereien entrissen haben und diesen gesetzlich legitimierten Diebstahl seither von Generation zu Generation selbstverständlich weitervererben. Eine juristische Vorstellung von *Redlichkeit* hat diese Machenschaften nie getrübt. Die einstigen Kolonialstaaten brauchen dringend ein Gesetz und dann ein «Amt zur Regelung offener Vermögensfragen». Der deutsche Rechtsstaat könnte da behilflich sein.

Der Neokolonialismus funktioniert stattdessen über gekaufte Gesetze, die ausländische Investoren bevorzugen. Kein Kontinent hat so viel Agrarfläche aus den eigenen Händen gegeben wie Schwarzafrika. Doch die Bodenfrage ist letztlich die Souveränitätsfrage. Ohne Selbstbestimmung über die Agrarfläche keine nationale Konzeption zum wichtigsten Problem – dem der Ernährung der eigenen Bevölkerung.

Die reichen G7-Staaten nutzen das Farmland für die Bedürfnisse des westlichen Marktes. Getreide, Mais, Soja oder Zuckerrohr wird nicht etwa für die hungernde Bevölkerung angebaut, sondern hauptsächlich zu Biosprit für die westliche Kundschaft verarbeitet. Und diese Tendenz, so zeichnet sich schon ab, wird im Verteilungskampf des neusten Energie-Trauerspiels dramatisch zunehmen. Brot für die Welt – die Wurst bleibt hier. Durch den Agrarprotektionismus der US-Amerikaner, Europäer und Japaner verlieren die Afrikaner mehr Geld durch Exportverluste, als an Entwicklungshilfe bei ihnen eingeht. Die westliche Leitkultur ist eine Leidkultur für die Schwachen.

Die Interessenvereinigung der weißen Großgrundbesitzer in Afrika warnt davor, dass eine Enteignung schwerwiegende Folgen für das Wirtschaftswachstum haben würde. Allein die Diskussion dieser Möglichkeit hemme ausländische Investoren, die für den Kampf gegen Armut unerlässlich seien.

Als abschreckendes Beispiel hat man dann sofort Simbabwe parat. Doch dessen langjähriger Präsident Robert Mugabe wird in Afrika nicht so uneingeschränkt gehasst wie im Westen, und Südafrikas einstiger Präsident Nelson Mandela nicht so uneingeschränkt verehrt. Dieser sei im Westen so beliebt, sagten mir Künstler beim Weltsozialforum in Nairobi, weil er zugunsten der Versöhnung darauf verzichtet habe, das Unrecht aufzuheben. Die Wahrheitskommissionen haben die Wahrheit über das extreme Verbrechen des Raubs von fast drei Vierteln des Ackerbodens nicht angefasst. «Die Zeit der Versöhnung ist vorbei», tönte 2018 die Partei Economic Freedom Fighters. Doch der letzte Versuch einer Überwindung der Apartheid durch Landreform scheiterte 2021. «Wenn wir das nicht angehen», warnte der heutige Präsident Südafrikas, Cyril Ramaphosa, «wird dieses Problem, das unsere Nation schon seit Jahrhunderten belastet, in unseren Händen explodieren.»

Dieses Tabu zu brechen, so ein Architekt aus der Runde in Nairobi, habe in Afrika nur ein Politiker den Mut gehabt: Mugabe. Nach zehn Jahren Gefängnis führte er 1979 den Befreiungskampf gegen die Kolonialherren weiter, erreichte 1980 die Unabhängigkeit Südrhodesiens von Großbritannien und nannte den neuen Staat Simbabwe. Er galt seither als einer der fähigsten Staatsmänner auf dem Kontinent. Unter seiner Präsidentschaft gab es zunächst eine Art Planwirtschaft, die so schlecht nicht funktionierte, besonders in der Gesundheits- und Bildungspolitik. Als Bundespräsident Weizsäcker 1988 Simbabwe besuchte, nannte er Mugabe einen «klugen, besonnenen Politiker, der um Ausgleich bemüht ist». Als 1990 die Hilfe des nunmehrigen Irrealsozialismus ausblieb, zwang der IWF zu Liberalisierung und Anpassung, was die bestehenden Versorgungsprobleme verschlimmerte.

In dieser Situation wurde vom Parlament eine Landreform in die Verfassung aufgenommen. Da sich die Großgrundbesitzer die «Kornkammer Afrikas» einst gewaltsam angeeignet hatten, sollten sie Entschädigung nur für Gebäude und Investitionen bekommen. Offenbar unzureichend ausgezahlt, hatten 1999 etwa 3500 weiße Farmer ihr Land für 150 000 schwarze Neufarmer zu räumen. Gewalt gab es auf beiden Seiten. «Wie sie gingen, zeugte von dem Verhältnis beider Gruppen», erinnert sich der Architekt. «Viele töteten ihre Tiere, brannten Gebäude nieder, zerstörten Bewässerungsanlagen und Technik.»

Der Westen wollte kein unliebsames Exempel, sprach von Aushöhlung rechtsstaatlicher Grundsätze. Er entfesselte einen bis dahin beispiellosen Wirtschaftskrieg und setzte auch afrikanische Verbündete unter Druck, Simbabwe zu isolieren. Weltbank und IWF stoppten ihre Zahlungen. 2002 wurde die deutsche Entwicklungszusammenarbeit mit Simbabwe eingestellt. Tony Blair erreichte 2003 den Ausschluss des Landes aus dem Commonwealth of Nations. Die Volkswirtschaft von Simbabwe stürzte ab wie keine andere auf der Welt. Schadenfroh wurde die Verantwortung dafür in allen Großmedien einzig Mugabe zugesprochen. Jeder konnte wieder einmal sehen, wie es einem Land ergeht, das zu enteignen wagt.

Unter schweren Repressionen machte Mugabe schwere Fehler, vergab einen Teil des Landes an politische Anhänger, um noch Verbündete zu haben. Doch auf dem Kontinent hatte er die, wurde trotz seiner zunehmend diktatorischen Politik 2015 zum Präsidenten der Afrikanischen Union gewählt.

Wie werden aus einst besonnenen, klugen Politikern Diktatoren, die auch vor Verbrechen nicht zurückscheuen? Hat sich die

Welt lediglich in ihrem Charakter getäuscht, wie Kreml-Astrologen mit Bezug auf Putin gern behaupten? Oder darf man auch den strukturellen Charakter der ausweglosen Kapitallogik nicht außer Acht lassen?

Welchen Druck diese Logik auszuüben imstande ist, zeigte 2020 ein Abkommen zwischen Mugabes Nachfolger Mnangagwa, Präsident in derselben, sich links verstehenden Staatspartei Zanu-PF und der Großfarmer Vereinigung CFU. Diese konnte als «späte Genugtuung» und als «unmissverständliche Botschaft an ausländische Investoren» durchsetzen, dass die Steuerzahler in Simbabwe den vor 20 Jahren vertriebenen weißen Farmern eine Entschädigung von fast drei Milliarden Euro zu zahlen haben. Diese Summe ist nur über weitere Verschuldung aufzubringen, an deren Zinslast Generationen zu tragen haben werden.

Kimaren ole Riamit ist Exekutivdirektor der Indigenen Partner zur Verbesserung des Lebensniveaus in Kenia (ILEPA). Er ist Angehöriger der Massai, ein wichtiger Intellektueller, auch Mitglied der Klimagruppe der UN. Wir können problemlos zoomen, sein Netz scheint stabiler als mein deutsches, dazu gehört nicht viel. Das fruchtbare Siedlungsgebiet der Massai haben die Briten 1904 in zwei Hälften geschnitten, in Nordtansania und Kenia. Die Nord-Massai haben gewaltsam Widerstand geleistet, erzählt er, viele Aufständische haben ihr Leben verloren, besonders die Anführer. Danach ging noch mehr Massai-Land an die britischen Siedler, etwa zwei Drittel des Bestandes.

Auch Kimarens Familie ist betroffen. Die Massai waren seit Generationen kollektives Eigentum gewohnt, sie verstanden gar nicht, was es bedeutet, Land zu verkaufen. Jetzt wissen sie um die Bedeutung von Eigentumstiteln, würden wie alle kolonialisierten Völker das angelsächsische Recht am liebsten «in den Indischen Ozean kippen». «Seit 100 Jahren wird uns versprochen, dass wir unser Land zurückbekommen», sagt Kimaren, aber nichts geschehe. Sie müssten das Land für fremde Eigentümer bestellen. Das seien Ausländer, aber auch Landeigner unter der eigenen Elite in den Städten, auch die Kirchen. Dabei hätten die Indigenen eine ganz andere Naturphilosophie zur Nutzung von Land nicht nur für Profit. Tiere hätten Existenzrechte auch jenseits von Reservaten. So würden sie akzeptieren, wenn Elefanten Pflanzen zerträten, Giraffen Blätter von den Bäumen fräßen. Das passe natürlich nicht ins kapitalistische System. Das baue lieber Fünf-Sterne-Hotels, um Tausende Touristen zu einem Löwen zu kutschen. Dabei sind die Touristen nur domestizierte Elefanten.

Viele Länder könnten sich selbst ernähren, die zeitweilig deutsche Kolonie Tansania zum Beispiel. Sie müssten nicht auf teure Lebensmittelimporte angewiesen sein. Wenn dennoch importiert wird, so deshalb, weil ausländische Interessen dahinterstecken. Die Corona-Pandemie hat das dominante Narrativ von der Abhängigkeit herausgefordert – die Grenzen und Flughäfen von Tansania waren dicht, es kam nichts an. Die Kleinbauern haben die Bevölkerung mit einheimischen Produkten ausreichend ernährt.

Westliche Entwicklungshilfe setzt auf Handel, sie schafft keinen Produktionssektor im Land, um den Leuten eine Chance zu geben, als Handwerker oder Ingenieure. Hochschulabgänger finden keine Jobs, es gibt keine. Die großen Investoren kommen mit ihrem eigenen Personal, das versteht sich auf die Ausbeutung der Ressourcen. Die Industrialisierung des Westens hätte ohne das koloniale Hinterland Afrika, Asien und Lateinamerika nie stattfinden können.

Im Juli 2022 kommt eine Mail von Kimaren. Nach jahrelangem Rechtsstreit hat das Land- und Umwelt-Gericht in Narok County in Südkenia einen Beschluss zu den Viehhaltern der Maji Moto Group zugestellt. In den 90ern war deren Land aufgeteilt und privatisiert worden. Das war eine qualvolle Prozedur für die Gruppe, die drei Jahrzehnte anhielt und sieben Regierungen überdauerte. ILEPA hat die Betroffenen in ihrem Bemühen unterstützt, ihre Rechte mit einer Klage durchzusetzen. Das war kostspielig und ermüdend, kaum jemand habe noch an einen Erfolg geglaubt.

Aber jetzt hat das Gericht festgelegt: Alles gegrapschte (grabbed) öffentliche Land, einschließlich Schulen, Brunnen und Krankenhäusern, ist an die Gemeinschaft zurückzugeben. Das Notariat von Narok hat die Gruppe als rechtmäßigen Eigentümer einzutragen. Die gewählte Führung der Gruppe ist unverzüglich wieder in ihre Rechte einzusetzen. Die volle Summe der einbehaltenen Löhne ist innerhalb von 60 Tagen auszuzahlen.

Diese Gerichtsentscheidung, so schreibt Kimaren, sei eine große Inspiration und Ermutigung für alle Landopfer, die seit Ewigkeiten den Respekt und Schutz gegenüber ihren Rechten vermisst haben. Sie würden sich jetzt auf den beschwerlichen Weg machen, die Gerichtsentscheidung als Grundlage für die generelle Wiederherstellung der Landrechte der Kommunen zu machen. Denn Bürger brauchen auch Rechtssicherheit.

Das eigentlich Revolutionäre, so Hannah Arendt, ist die Eroberung der Gesetz- und Verfassungsgebung durch die Bürger. Die Dringlichkeit eines sozialen Friedens für Afrika und darüber hinaus kommt an dieser Einsicht nicht vorbei. Die nötige Rechtsordnung vorausgesetzt, könnte Afrika mit seinen Schätzen an Sonne und Wasser zu einer Wohlstandsregion werden, die Beschäftigung für alle schafft, um die eigene Bevölkerung zu ernähren, zu bilden und sich und ganz Europa mit Energie zu versorgen. Wasserstoff ist das häufigste Element in unserem Universum. Sein Energiegehalt lässt sich gut speichern und transportieren. Da er nur gebunden vorkommt, braucht man wiederum Energie zu seiner Abspaltung. An Solarenergie besteht kein Mangel. Und hätte die Nato im Libyenkrieg nicht das von Gaddafi finanzierte 4000-km-Netzwerk von Wasserkanälen und Pipelines aus dem nubischen Grundwasser zerbombt, hätte die «grüne Revolution» zur Bewässerung großer Teile Afrikas und zur Wasserstoffherstellung längst im Gange sein können.

Wenn sich nach der Erfahrung der gegenwärtigen katastrophalen Notlage auf allen Seiten die Einsicht durchsetzen würde, dass die Schocktherapie von neoliberaler Deregulierung und Privatisierung umzukehren ist in eine Weltsozialtherapie, könnte die Sehnsucht nach Frieden aus ihrem Traummodus Schritt für Schritt in eine reale Kraft verwandelt werden. Im Sinne der Idee, die zur materiellen Gewalt wird, wenn sie die Massen ergreift. Wenn aus den jetzigen Feindschaften irgendein unerwarteter, dialektischer Gewinn zu ziehen wäre, dann vielleicht die zu wiederholende Erkenntnis: Wir sind verdammt, uns zu vertragen, oder wir werden nicht einmal mehr die Chance haben, verdammt zu sein. Die Flinte gehört nicht ins Korn. Sondern in den solarbetriebenen Schmelzofen. Schwerter zu Pflugscharen. Die größten Pionierleistungen stehen noch bevor. Wohlstand für alle in Frieden hat faszinierende Perspektiven. Wenn Frieden ein besseres Geschäft ist als Krieg, könnte Leben wieder richtig Spaß machen, dann gern auch für Unternehmer.

Textnachweise

Vom Wirbel des Krieges gepackt. Erstveröffentlichung, September 2022.

Frieden muss gestiftet werden. Zuerst erschienen in *telepolis.de* 28. 3. 2022.

Handke allein im Krieg. Zuerst erschienen in *Ossietzky 25* (Dezember 2019). Für dieses Buch mit einer aktuellen Einführung versehen.

Krieg – ein Jahrhundertfehler. Zuerst erschienen in *Freitag 17. 3. 2022*.

Gefechtsfeld Wahlen. Zuerst erschienen in *Freitag 25. 3. 2021*. Für dieses Buch mit einer aktuellen Einführung versehen.

Barbarossa im Wunderland. Zuerst erschienen in *Freitag 17. 6. 2021*. Für dieses Buch mit einer aktuellen Einführung versehen.

Modell Maidan – illegal, aber legitim? Zuerst erschienen in dem Buch: *Ein Spiel mit dem Feuer. Die Ukraine, Russland und der Westen*, Hg. Peter Strutynski, Köln, 2014. Für dieses Buch mit einer Vorbemerkung versehen.

Von allen Seiten Nebelkerzen. Zuerst erschienen in *Freitag 17. 11. 2014*. Für dieses Buch mit einer aktuellen Einführung versehen.

Der Atomwaffenverbotsvertrag. Zuerst veröffentlicht in *Ossietzky 1/21* (Januar 2021). Für dieses Buch mit einer aktuellen Einführung versehen.

Kooperation oder Konfrontation mit Russland. Zuerst veröffentlicht in *Bayerischer Rundfunk 17. 2. 2017*. Für dieses Buch mit einer Vorbemerkung versehen.

Frieden muss ein besseres Geschäft sein als Krieg. Parallel erschienen in *Ossietzky 16/17* August 2022.

UN-Charta-Patrioten. Zuerst veröffentlicht in *Berliner Zeitung 15. 6. 2021*. Für dieses Buch mit einer Vorbemerkung versehen.

Brauchen wir die USA noch? Zuerst erschienen mit dem Titel «Emanzipation von den USA» in: *Freitag 12. 11. 2020*. Für dieses Buch mit einer aktuellen Einführung versehen.

Der Befreiung ausgesetzt. Zuerst erschienen in *Freitag 7. 5. 2020*. Für dieses Buch mit einer aktuellen Einführung versehen.

Eine Herdenimmunität gegen rechts ist nicht zu erwarten – 10 Forderungen an die Politik nach Hanau. Zuerst erschienen in *Neues Deutschland 27. 3. 2020*. Für dieses Buch mit einer aktuellen Nachbemerkung versehen.

Das Wort «Fluchtursachen» ist aus dem Vokabular des Westens gestrichen. Zuerst erschienen in *Freitag 18. 11. 2021*. Für dieses Buch mit einer Vorbemerkung versehen.

Willkommen und Abschiebung. Zuerst erschienen in *Freitag 21. 6. 2018*.

Pressefreiheit ist auch die Freiheit zur Kritik an der Presse. Am 26. 1. 2018. Zuerst veröffentlicht in dem Buch: *Krieg und Frieden in den Medien, Ossietzky-Verlag 2018*. Für dieses Buch mit einer aktuellen Einführung versehen.

Verrückte Maßstäbe. Zuerst veröffentlicht in *Freitag, 24. 4. 2020*. Für dieses Buch mit einer Vorbemerkung versehen.

Die Pandemie als Krisenmodell. Zuerst veröffentlicht unter dem Titel *Was ich bei Ungeimpften in meinem Umfeld beobachte* in *Berliner Zeitung 25. 10. 2021*. Für dieses Buch mit einer ausführlichen aktuellen Einführung versehen.

Die DDR – eine Utopie, an die sich anknüpfen lässt? Zuerst veröffentlicht in *Narthex, Heft für radikale Philosophie 6/2020*. Für dieses Buch mit einer Einführung versehen.

Frieden für das hungernde Afrika. Erstveröffentlichung, September 2022.